基于胶州湾海岸带自然地理综合野外实习的中小学教学研究

张绪良◎著

·北京·

图书在版编目（CIP）数据

基于胶州湾海岸带自然地理综合野外实习的中小学教学研究/张绪良著.
—北京：科学技术文献出版社，2020.9
ISBN 978-7-5189-7134-3

Ⅰ.①基… Ⅱ.①张… Ⅲ.①黄海—海湾—海岸带—自然地理—教育实习—教学研究—中小学 Ⅳ.① G633.572

中国版本图书馆 CIP 数据核字（2020）第 177538 号

基于胶州湾海岸带自然地理综合野外实习的中小学教学研究

策划编辑：张 丹　　责任编辑：崔灵菲　　责任校对：张永霞　　责任出版：张志平

出　版　者	科学技术文献出版社
地　　　址	北京市复兴路15号　邮编 100038
编　务　部	（010）58882938，58882087（传真）
发　行　部	（010）58882868，58882870（传真）
邮　购　部	（010）58882873
官 方 网 址	www.stdp.com.cn
发　行　者	科学技术文献出版社发行　全国各地新华书店经销
印　刷　者	北京虎彩文化传播有限公司
版　　　次	2020年9月第1版　2020年9月第1次印刷
开　　　本	710×1000　1/16
字　　　数	201千
印　　　张	12
书　　　号	ISBN 978-7-5189-7134-3
定　　　价	48.00元

版权所有　违法必究

购买本社图书，凡字迹不清、缺页、倒页、脱页者，本社发行部负责调换

前　言

　　沿海地区高校地理科学专业为有效地开展以近海和海岸带资源开发利用与生态环境保护为主要内容的自然地理课程教学，培养地理科学专业（师范类）本科生的中学地理课程、综合实践活动课程的教学能力和研学旅行指导能力，应开展海岸带自然地理综合野外实习实践教学。

　　青岛市胶州湾沿岸自然地理环境具有区域典型性和代表性，以胶州湾海岸带为例探讨自然地理综合野外实习教学的内容与方法，对培养大学生的人地协调观、综合思维、区域认知、地理实践力等地理核心素养，以及中小学综合实践活动课程教学能力、海洋地理校本课程开发与建设能力具有重要意义。

　　本书包括海岸带自然地理综合野外实习的基本方法、胶州湾海岸带区域自然地理概况、胶州湾滨海湿地及水禽保护、胶州湾滨海湿地的景观格局特征及变化、胶州湾滨海湿地生态旅游的发展对策、社区参与胶州湾滨海湿地保护、基于情景分析理论的青岛市海洋灾害应急管理、胶州湾海岸带自然地理综合野外实习的内容选择、实习教学成果在中小学综合实践活动课程教学中的应用、依托胶州湾海岸带自然地理综合野外实习开发初中海洋地理校本课程探讨等内容。

　　比较深入地探讨了海岸带自然地理综合野外实习准备、观察与记录、标本和样品采集的方法及要求，实习过程中利用手机、GPS、罗盘、地形图等仪器设备和资料的方法，处理样品和标本的方法，胶州湾的形成与演化及影响因素，胶州湾海岸带的地质、地貌、气候、水文、土壤等自然地理要素的特征，胶州湾滨海湿地的类型、湿地植被和水禽的多样性特征，胶州湾滨海湿地景观格局变化的驱动因素、变化过程及环境效应，胶州湾滨海湿地生态旅游开发的资源禀赋、影响因素和开发模式，社区参与胶州湾滨海湿地保护的目的、原则与方法，以胶州湾为主的青岛市海洋灾害的类型、时空分布规律、对海洋经济发展的影响，胶州湾海岸带自然地理综合野外实习的主要内容，大中学生可以依托实习开展的研究性课题，以及中小学综合实践活动课程教学中以胶州湾海岸带自然地理综合野外实习为基础的实践性海洋环境教育内容、初中海洋地理校本课程开发等内容。

  本书可以为地理科学专业、人文地理与城乡规划等专业大学生的学习，以及从事中小学综合实践活动课程教学工作的中小学教师提供参考。

目 录

1 海岸带自然地理综合野外实习的基本方法 ·················· 1

1.1 准备工作 ·················· 1
1.1.1 制订自然地理综合野外实习教学计划 ·················· 1
1.1.2 向学生介绍开展综合野外考察区域的基本情况和考察的主要内容 ·················· 1
1.1.3 准备自然地理综合野外实习必需的用具及器材 ·················· 2

1.2 自然地理综合野外实习观察与记录的基本要求 ·················· 2
1.2.1 地理科学专业大学生参加自然地理综合野外实习的基本要求 ·················· 2
1.2.2 自然地理综合野外实习记录的内容要求 ·················· 3
1.2.3 自然地理综合野外实习记录的格式要求 ·················· 4

1.3 自然地理综合野外实习的常用仪器设备及使用 ·················· 4
1.3.1 罗盘 ·················· 4
1.3.2 手持GPS ·················· 7
1.3.3 智能手机 ·················· 9

1.4 标本和样品采集的方法与要求 ·················· 14
1.4.1 参加自然地理综合野外实习时采集标本和样品的意义 ·················· 14
1.4.2 采集岩石标本、矿物标本的基本要求 ·················· 14
1.4.3 沉积物、土壤调查与取样的基本要求 ·················· 15
1.4.4 植物标本采集、鉴定、植物标本制作与植物群落样方调查 ·················· 16

1.5 实习时如何使用地形图 ·················· 22
1.5.1 选择地形图 ·················· 23
1.5.2 使用地形图 ·················· 23

参考文献 ·················· 23

2 胶州湾海岸带区域自然地理概况 ······ 24

2.1 海湾 ······ 24
2.2 海湾的分类 ······ 24
2.3 胶州湾的位置 ······ 26
2.4 胶州湾的形成与演化 ······ 27
    2.4.1 胶州湾的形成 ······ 27
    2.4.2 胶州湾的演化 ······ 27
2.5 影响胶州湾演化的因素 ······ 28
    2.5.1 自然因素 ······ 28
    2.5.2 人为因素 ······ 29
2.6 胶州湾海岸带的地质、地貌特征 ······ 30
    2.6.1 地层与地质构造 ······ 30
    2.6.2 地貌与第四系沉积物 ······ 34
2.7 胶州湾海岸带的气候、水文特征 ······ 37
    2.7.1 气候 ······ 37
    2.7.2 水文 ······ 41
2.8 胶州湾海岸带的土壤 ······ 47
    2.8.1 棕壤 ······ 47
    2.8.2 褐土 ······ 48
    2.8.3 砂姜黑土 ······ 48
    2.8.4 潮土 ······ 48
    2.8.5 盐土 ······ 48

参考文献 ······ 49

3 胶州湾滨海湿地及水禽保护 ······ 50

3.1 胶州湾海域和潮间带滩涂湿地的生物 ······ 50
    3.1.1 潮下带海域和潮间带滩涂湿地的浮游植物 ······ 50
    3.1.2 潮下带海域和潮间带滩涂湿地的浮游动物 ······ 51
    3.1.3 潮下带海域和潮间带滩涂湿地的底栖生物 ······ 51
    3.1.4 潮下带海域和潮间带滩涂的游泳生物 ······ 51
3.2 胶州湾滨海湿地植被及保护 ······ 52

目 录

　　3.2.1 胶州湾滨海湿地的类型 …………………………………… 52
　　3.2.2 胶州湾海岸湿地的植被类型 ………………………………… 53
　　3.2.3 胶州湾海岸湿地植物的区系构成 …………………………… 53
　　3.2.4 胶州湾海岸湿地维管束植物的生态类群 …………………… 60
　　3.2.5 胶州湾滨海湿地维管束植物区系种的生活型构成 ………… 63
　　3.2.6 胶州湾滨海湿地维管束植物区系属的地理分布区
　　　　　类型构成 …………………………………………………… 64
　3.3 胶州湾滨海湿地的水禽及保护 ………………………………… 66
　　3.3.1 水禽的基本特征 …………………………………………… 66
　　3.3.2 胶州湾滨海湿地的水禽种类构成 ………………………… 67
　　3.3.3 胶州湾滨海湿地水禽的多样性特征 ……………………… 77
　　3.3.4 春季在胶州湾滨海湿地停歇的北迁鸻鹬鸟类的种类
　　　　　和数量变化 ………………………………………………… 78
　　3.3.5 春季在胶州湾滨海湿地停歇的北迁鸻鹬鸟类多样性
　　　　　下降的原因 ………………………………………………… 81
　　3.3.6 胶州湾滨海湿地水禽的保护对策 ………………………… 84
　参考文献 …………………………………………………………………… 87

4 胶州湾滨海湿地的景观格局特征及变化 …………………………… 89

　4.1 景观生态学的基本概念 ………………………………………… 89
　　4.1.1 景观 ………………………………………………………… 89
　　4.1.2 景观的类型 ………………………………………………… 89
　　4.1.3 景观的构成 ………………………………………………… 90
　　4.1.4 景观格局及其变化 ………………………………………… 91
　4.2 胶州湾滨海湿地的景观格局变化 ……………………………… 92
　　4.2.1 胶州湾滨海湿地类型及退化趋势 ………………………… 92
　　4.2.2 数据处理与分析方法 ……………………………………… 92
　　4.2.3 1986—2010 年胶州湾滨海湿地景观格局的变化分析 …… 96
　　4.2.4 1986—2010 年胶州湾滨海湿地景观格局变化的
　　　　　驱动因素 …………………………………………………… 100
　4.3 胶州湾滨海湿地景观格局变化的环境效应 …………………… 103
　　4.3.1 湿地生物多样性水平下降 ………………………………… 103

  4.3.2 湿地环境净化功能降低、污染加重 …………………………… 105
  4.3.3 滨海湿地植被发生退化演替 ………………………………… 106
  4.3.4 近海和滩涂渔业资源衰退 …………………………………… 107
  4.3.5 湿地景观格局变化引起湿地生态系统服务价值降低 ……… 107
  4.3.6 结论与讨论 …………………………………………………… 107
 参考文献 …………………………………………………………………… 108

5 胶州湾滨海湿地生态旅游的发展对策 ……………………………… 111

 5.1 滨海湿地生态旅游 …………………………………………………… 111
  5.1.1 生态旅游的含义 ……………………………………………… 111
  5.1.2 滨海湿地生态旅游的含义 …………………………………… 111
 5.2 滨海湿地生态旅游开发 ……………………………………………… 112
  5.2.1 滨海湿地生态旅游开发的主要内容 ………………………… 112
  5.2.2 生态旅游开发的特点与模式 ………………………………… 113
 5.3 胶州湾滨海湿地生态旅游开发模式 ………………………………… 115
  5.3.1 滩涂贝类采捕休闲旅游 ……………………………………… 115
  5.3.2 河口湿地观光生态旅游 ……………………………………… 117
  5.3.3 国家湿地公园生态旅游 ……………………………………… 117
  5.3.4 渔村生活体验生态旅游 ……………………………………… 118
 5.4 胶州湾滨海湿地生态旅游开发的SWOT分析 …………………… 119
 参考文献 …………………………………………………………………… 120

6 社区参与胶州湾滨海湿地保护 …………………………………… 122

 6.1 社区 …………………………………………………………………… 122
  6.1.1 社区的含义 …………………………………………………… 122
  6.1.2 社区的分类 …………………………………………………… 122
 6.2 社区参与胶州湾滨海湿地保护的目的与原则 ……………………… 123
  6.2.1 社区参与胶州湾滨海湿地保护的目的 ……………………… 123
  6.2.2 社区参与胶州湾滨海湿地保护的原则 ……………………… 124
 6.3 社区参与胶州湾滨海湿地保护的方法 ……………………………… 124
  6.3.1 成立胶州湾滨海湿地保护的社区参与组织 ………………… 125
  6.3.2 调查社区对湿地资源的利用要求，为实施社区参与

　　　　　提供科学依据 ································· 126
　　6.3.3 推广应用循环经济原理的先进的生产技术，合理利用
　　　　　胶州湾滨海湿地资源 ······························· 126
　　6.3.4 协调地方关系、扩大社区参与胶州湾滨海湿地保护的
　　　　　范围和领域 ·· 127
　　6.3.5 开展胶州湾滨海湿地保护和合理利用的宣传教育 ········· 127
　参考文献 ··· 127

7 基于情景分析理论的青岛市海洋灾害应急管理 ··············· 129

　7.1 公共突发事件 ·· 129
　7.2 青岛市的海洋经济发展现状及海洋灾害对海洋经济的影响 ······ 130
　　7.2.1 青岛市的自然地理环境 ································ 130
　　7.2.2 青岛市的海洋经济发展现状 ···························· 130
　7.3 青岛市的海洋灾害及其对海洋经济发展的影响 ················ 131
　　7.3.1 青岛市的海洋灾害 ···································· 131
　　7.3.2 海洋灾害对青岛市海洋经济的影响 ······················ 132
　7.4 基于情景分析法的青岛市海洋灾害应急管理优化对策 ·········· 137
　　7.4.1 情景分析法的基本理论及应用 ·························· 137
　　7.4.2 青岛市海洋灾害应急管理现状 ·························· 138
　　7.4.3 应用情景分析法对青岛市海洋灾害应急管理进行
　　　　　优化的对策 ·· 139
　7.5 结论 ·· 141
　参考文献 ··· 142

8 胶州湾海岸带自然地理综合野外实习的内容选择 ············· 144

　8.1 开展胶州湾海岸带自然地理综合野外实习教学应遵循的原则 ··· 144
　　8.1.1 实习内容与高师本科自然地理课程、中学地理课程的
　　　　　教学内容紧密结合原则 ································ 144
　　8.1.2 提高学生中学地理研究性教学和实践教学能力原则 ········ 144
　　8.1.3 实习内容少而精原则 ·································· 144
　8.2 选择胶州湾海岸带自然地理综合野外实习教学地点
　　　应遵循的原则 ·· 145

  8.2.1 代表性原则 ………………………………………… 145
  8.2.2 可到达性原则 ………………………………………… 145
 8.3 胶州湾海岸带自然地理综合野外实习的内容和地点 ………… 145
  8.3.1 实习内容 ……………………………………………… 145
  8.3.2 实习地点 ……………………………………………… 147
 8.4 胶州湾海岸带自然地理综合野外实习的具体方式 …………… 147
  8.4.1 野外考察、现场参观 ………………………………… 147
  8.4.2 指导学生设计并完成小型研究性课题 ……………… 148
  8.4.3 实习结束后对学生完成研究性课题进行指导与评价 … 148
 8.5 实习结束后学生可以选择完成的研究性课题示例及评价 …… 150
  8.5.1 实习结束后学生可以选择完成的研究性课题 ……… 150
  8.5.2 学生在胶州湾自然地理综合野外实习基础上完成的
     研究性课题示例及评价 ……………………………… 151
 参考文献 ……………………………………………………………… 161

9 实习教学成果在中小学综合实践活动课程教学中的应用 ………… 162
 9.1 中小学综合实践活动课程设置及基本教学目标 ……………… 162
 9.2 小学低年级综合实践活动课程中的实践性海洋环境教育
   内容设计 ……………………………………………………… 162
  9.2.1 小学低年级综合实践活动课程考察探究活动推荐主题 … 162
  9.2.2 小学低年级综合实践活动课程各考察探究活动推荐
     主题的基本教学要求 ………………………………… 163
  9.2.3 小学低年级综合实践活动课程各考察探究活动推荐
     主题的教学目标 ……………………………………… 163
  9.2.4 小学低年级综合实践活动课程各考察探究活动推荐
     主题开展海洋生态环境教育教学的基本思路 ……… 163
 9.3 小学中、高年级综合实践活动课程中的实践性海洋环境
   教育内容设计 ………………………………………………… 164
  9.3.1 小学中、高年级综合实践活动课程考察探究活动
     推荐主题 ……………………………………………… 164
  9.3.2 小学中、高年级综合实践活动课程各考察探究活动
     推荐主题的基本教学要求 …………………………… 164

目 录

9.3.3 小学中、高年级综合实践活动课程各考察探究活动推荐主题的教学目标 ………………………………………… 165
9.3.4 小学中、高年级综合实践活动课程各考察探究活动推荐主题开展海洋生态环境教育教学的基本思路 ………… 165

9.4 初中综合实践活动课程中的实践性海洋环境教育内容设计 … 165
9.4.1 初中综合实践活动课程考察探究活动推荐主题 ………… 165
9.4.2 初中综合实践活动课程各考察探究活动推荐主题的基本教学要求 ……………………………………………… 166
9.4.3 初中综合实践活动课程各考察探究活动推荐主题的教学目标 …………………………………………………… 167
9.4.4 初中综合实践活动课程各考察探究活动推荐主题开展海洋生态环境教育教学的基本思路 ………………… 167

9.5 高中综合实践活动课程中的实践性海洋环境教育内容设计 … 168
9.5.1 高中综合实践活动课程考察探究活动推荐主题 ………… 168
9.5.2 高中综合实践活动课程各考察探究活动推荐主题的基本教学要求 ……………………………………………… 168
9.5.3 高中综合实践活动课程各考察探究活动推荐主题的教学目标 …………………………………………………… 169
9.5.4 高中综合实践活动课程各考察探究活动推荐主题开展海洋生态环境教育教学的基本思路 ………………… 170

参考文献 ……………………………………………………………… 171

10 依托胶州湾海岸带自然地理综合野外实习开发初中海洋地理校本课程探讨 …………………………………………………………… 173

10.1 学习乡土地理是《义务教育地理课程标准（2011年版）》对初中生的学习要求 ………………………………………… 173
10.2 乡土地理教学的起源 …………………………………… 174
10.3 国际乡土地理教学的发展 ……………………………… 174
10.4 中国乡土地理教学的发展 ……………………………… 175
10.5 基于自然地理综合野外实习的乡土地理课程资源开发研究 …… 176

参考文献 ……………………………………………………………… 178

1 海岸带自然地理综合野外实习的基本方法

1.1 准备工作

理论知识来源于实践，是对实践经验的总结。人类对客观世界的认识遵循从实践到认识、再从认识到实践的螺旋式上升的规律。通过实践，人类把感性认识上升为理性认识、把直观经验上升为理论，反过来理论可以指导人类更好地开展社会生产实践、改造客观世界。综合野外考察是自然科学很多学科采用的重要研究方法，是学习或科学研究过程中理论联系实际的重要环节。高校地理科学专业为了有效地开展以近海和海岸带资源开发利用与生态环境保护为主要内容的自然地理课程教学，培养本科生的中学地理课程、综合实践活动课程教学能力和研学旅行指导能力，应开展海岸带自然地理综合野外实习实践教学。为保证顺利进行海岸带自然地理综合野外实习，出发前要仔细进行如下准备。

1.1.1 制订自然地理综合野外实习教学计划

预先做好周密、完善的实习计划是完成自然地理综合野外实习教学任务，保证参加实习师生安全的必要条件。制订自然地理综合野外实习教学计划时应主要考虑确定综合野外考察的区域范围、地点和时间，实习区域的交通和住宿条件、实习时的天气和气候特征，制订包括自然地理综合野外实习的实习目的、实习教学内容、实习教学方法和步骤、实习行程与路线安排、日程安排、交通和住宿、参加人员、参加人员的人身安全保障等，如学校是在计划区域第一次开展自然地理综合野外考察，还需要进行预查。

1.1.2 向学生介绍开展综合野外考察区域的基本情况和考察的主要内容

向学生介绍开展综合野外考察区域的基本情况和考察的主要内容，指导学生查阅有关考察区域地质、地貌、气候、水文、土壤、植物、动物及工农业生产、交通、通信、生态保护、人类社会经济活动的历史和现状等的论文、著作等文献资料，地形图、各种专业地图、航片、卫星遥感影像等图件资料，让学生初步了解考察区域，以便在开展综合野外考察过程中能够独立观察、正确思考判断。

1.1.3 准备自然地理综合野外实习必需的用具及器材

考察开始前要筹备充足的实习教学、交通和生活需要的装备和用具，如地质锤、罗盘、放大镜、笔记本电脑、GPS、数码相机或拍照清晰度较高的智能手机、望远镜、植物检索表、标本夹、样品袋、野外记录本，以及背包、2H 铅笔、红铅笔、量角器、三角板、小刀等文具和饭具、饮水用具、遮阳用具、帽子、雨衣、登山鞋等。要提醒每个参加野外实习的学生妥善保管自己所携带的装备、用具，以免在考察过程中遗失。

1.2 自然地理综合野外实习观察与记录的基本要求

1.2.1 地理科学专业大学生参加自然地理综合野外实习的基本要求

参加自然地理综合野外实习可以培养大学生通过实践自主创造知识的能力，为达到这个实习教学目的，应该要求学生参加自然地理综合野外实习时做到五勤，即腿勤、眼勤、手勤、脑勤和口勤。腿勤就是要求学生多走路，自然环境是有空间差异的，在自然地理综合野外实习过程中多走一些路，以便能够观察到更多自然现象；眼勤就是要求学生多观察，要仔细观察实习研究区域的地质、地貌、气候、水文、土壤、生物等自然地理环境要素的特征及变化过程，善于通过观察发现问题；手勤就是要多动手测量、采集制作标本，通过触摸感受见到的动植物的直观特征，土壤的质地、结构、含水量等特征，沉积物的粒度、硬度、胶结度等；脑勤就是要多联系以往课堂上学习到的知识思考在考察过程中观察到的现象；口勤是要求学生在参加综合考察过程中遇到不能理解、不能判断或不能解释的现象时要多向指导教师请教，要多与同学互相切磋。

1.2.2 自然地理综合野外实习记录的内容要求

自然地理综合野外实习的记录本前面应空出两页，第一页为扉页，填写参加考察学生的姓名、所在学校、通信地址、电话、考察区域等，第二页为目录页，填写每天考察记录的具体内容目录。

开始考察后，每天应记录的考察内容及记录格式如下。

（1）实习日期

到达目的地正式开始考察前，先写下考察当日的"日期"和"天气"。

（2）实习路线

记录实习路线，即当日实习计划走过的路线，例如：

路线1：青岛市宁夏路308号青岛大学—胶州湾北部红岛东侧东大洋滩涂。

路线2：青岛市宁夏路308号青岛大学—胶州湾北部大沽河河口。

路线3：青岛市宁夏路308号青岛大学—胶州湾西北部洋河河口。

（3）实习内容

在考察过程中，每天要记下当日计划并开展实施的实习内容，例如：

①观察胶州湾海岸带沉积物及植被。

②练习罗盘的使用方法，如利用罗盘定向，利用罗盘、地形图定位等。

③……

④实习观察点001：

位置：实习观察点001大致的经纬度范围、所处的行政区域位置和地貌部位等；

时间：到达实习地点的时间、实习开始和结束的时间、离开实习地点的时间等；

实习内容描述：……

实习观察点应设在自然现象、自然过程特别典型的地方，这样的实习观察点常有许多自然环境考察内容，如岩石、构造、地层、地貌、土壤、水文、植物等，记录时应分门别类、顺序地将观察的资料详尽反映在笔记中。

第二天的综合野外记录要从新的一页开始书写。

对于初学者，刚开始记录自然地理综合野外实习时常常不知从何做起，完成综合野外考察记录不同于课堂上听课记笔记，与课堂理论学习相比，参加自然地理综合野外实习时学习方法和思维方式都有变化。因此，在野外一要认真听教师的现场教学讲解；二要充分发挥自己的主观能动性。在野外应做到五勤：腿勤、手勤、眼勤、口勤和脑勤。在观察点上，首先要了解要实习观察的内容，运用学过的书本知识，反复观察，认真思考，及时仔细描述和记录。不懂就问，也可互相讨论。通过不断学习，反复实践，每天都会有新的收获。在自然地理综合野外实习过程中，每天都会观察到新现象和过程，每天都是充满希望的一天，每天都是有所发现、有所成就的一天。

1.2.3 自然地理综合野外实习记录的格式要求

实习考察记录是开展自然地理综合野外实习能够获得的宝贵原始资料，是以后分析现象与问题、开展课题研究、撰写考察报告的重要依据，也是评定学生自然地理综合野外实习学习成绩的重要依据，记录书写内容要真实、详尽，文字通顺、条理清楚，图文并茂。自然地理综合野外实习记录本不能丢失或污损。

在开展自然地理综合野外实习期间，每天考察结束回到实习驻地后，应把当天所做的野外实习记录分门别类地进行系统整理，如按构造、岩石、地质作用等整理当天的地质考察记录、分析观察到的地质现象、还原地质过程。通过整理当天的野外实习考察记录，可以确认当日的收获、找出不足，以利于第二天改进，不断进步，同时为编写自然地理综合野外实习报告准备素材。

自然地理综合野外实习记录除了文字描述外，有条件时还应配有照片、素描图、示意图等图件。图件资料往往能更直观、典型地反映综合野外考察区域的实际情况，常胜过大段文字描述，收到事半功倍的效果。要做到这一点，除了准确的观察和认识，还要具备一定的美术素养和观察自然、描述自然特有的灵感。这是在长期的实践中练就的。有关类似图件在教科书中经常出现，学生可在参加实习前先对照练习。

1.3 自然地理综合野外实习的常用仪器设备及使用

1.3.1 罗盘

1.3.1.1 罗盘的结构

罗盘、地质锤和放大镜是自然地理综合野外考察必备的考察工具。罗盘

1 海岸带自然地理综合野外实习的基本方法

是自然地理综合野外实习,尤其是野外地质实习考察必备的便携仪器之一,在野外用来导向、定向、定位、测量岩层产状、确定矿体形态、研究构造走向等。即使在现代信息技术快速发展的今天,罗盘在自然地理综合野外实习、野外地质考察中的作用仍然是不可替代的,在自然地理综合野外实习教学过程中,应训练学生熟练使用罗盘定向、定位,利用罗盘测量岩层层面的走向、倾向,断层面的走向、倾角等。

罗盘由反光镜、瞄准砚板、磁针、水平刻度盘、垂直刻度盘、垂直刻度指示器、垂直水准器、底盘水准器和水准气泡、磁针固定螺旋等部分构成(图1-1),罗盘磁针缠绕铜线的一端为S极(南极),缠绕铜线是为了让罗盘的磁针在地球三维空间磁场中保持水平。罗盘有2套测量系统,其中由垂直刻度盘、垂直刻度指示器和垂直水准器构成了垂直测量系统,用于岩石倾角、山坡坡度等的测量;其余为水平测量系统,用于水平方向定向、定位测量。

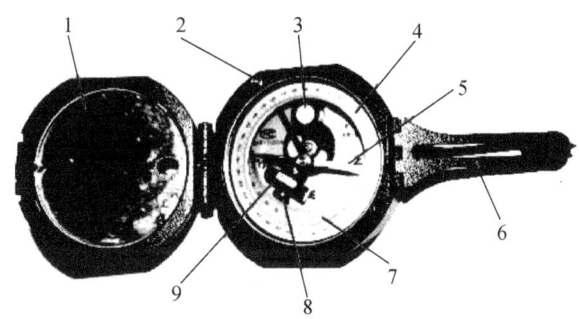

1—反光镜;2—磁针固定螺旋;3—底盘水准器和水准气泡;4—水平刻度盘;5—磁针;
6—瞄准砚板;7—垂直刻度盘;8—垂直刻度指示器;9—垂直水准器和垂直水准气泡。

图1-1 罗盘的结构

1.3.1.2 罗盘的使用

(1)校正磁偏角

使用罗盘前,首先要校正磁偏角,否则利用罗盘定向、定位时会出现较大误差。山东省青岛市的磁偏角大约为北偏西3°56′。因此在青岛市范围内使用罗盘前,应用罗盘配备的小钥匙或刀片,旋转罗盘仪外壳合页旁的手动螺旋,让水平刻度盘逆时针旋转4°,即以356°对准刻度盘上方正北标志点。校正罗盘的磁偏角可以消除因地磁南北方向和经纬线确定的地理南北方向之间的差异形成的罗盘定向测量误差。

（2）利用罗盘定向

方位的计量数据来自地理坐标系，与数学中的几何坐标系明显不同，它以纵轴正北方向为0°，顺时针方向计量，东为90°，南为180°，西为270°。依次可划分为北东（NE）、东南（ES）、南西（SW）、西北（WN）4个象限。二者可以换算。例如，E30°S，读作"东偏南30°"，实际为120°方向；260°可以标为W10°S。学生可自己画图并练习换算，以熟悉地理坐标系。

要利用罗盘测量确定自己所在位置位于已知的大树、房屋、山顶等标志物的什么方向时，具体操作如下：手持罗盘至腰部，打开并将瞄准砚板大致对准标志物；将罗盘保持水平；不断调整反光镜，让标志物影像出现在反光镜中；上下活动瞄准砚板，使之也出现在反光镜中；在保持罗盘水平的前提下，转动罗盘，使选定的标志物、罗盘瞄准砚板的前部尖端和反光镜中线位于一条直线上；读缠绕有铜丝的罗盘磁针南极所指的水平刻度盘度数，就是所在地相对于选定标志物的方位角。若利用罗盘测量标志物在自己所在点的方位时，只需读出罗盘磁北针的示数。

（3）利用罗盘定位

开展自然地理综合野外实习时，某些重要的观察点，除了观察、拍照和描述记录重要的自然现象特征外，还要记下该观察点的位置，这就需要进行定位测量。如果利用罗盘和地形图定位，具体方法是：选择两个不在一条直线上的标志，利用前面定向的测量方法确定观察点在标志物的方位，记录在笔记本上。如带有地形图，选出2~3个地形图上标记的实际标志物，取得数据后做图：以标志物为原点，建立地理坐标系，其方向应与地形图一致；将测量的方位数据分别用直线表示出来；两条直线交会处应是观察点在地形图上的位置。如果测了3个数据，3条直线交成一点，说明测量数据是准确的，如若交成三角形，说明测量有误差，三角形大小意味着误差大小。观察点应位于三角形中心。误差过大时，必须重测。

（4）利用罗盘测量岩层产状

进行地质地貌综合野外实习时，用罗盘测量岩层的产状十分重要，它是描述岩层空间展布状态、分析岩层形变和研究构造的重要数据。智能手机、GPS实现不了测量岩层产状的功能。

用罗盘测量岩层产状时，需首先选定一个较平整的岩层面。注意选定时一定要前后左右观察一下岩层层面的位置，不要将节理面或风化面当成层面。

测量岩层走向。将罗盘打开成面状,将长边紧贴岩层面并保持水平,代表一个水平面,读出磁针(南极、北极均可)指向的刻度盘数据,就代表水平面与岩层面交线的方向,亦即岩层走向(图1-2)。

测量岩层倾向。将罗盘折起,短边紧贴岩层面,保持罗盘水平,罗盘的磁针北极所指读数即岩层倾向。

测量岩层倾角。将罗盘长边沿垂直走向紧贴岩层,旋转罗盘底部手柄,让垂直水准器气泡居中,读出白色短线标志所指度数即岩层倾角。

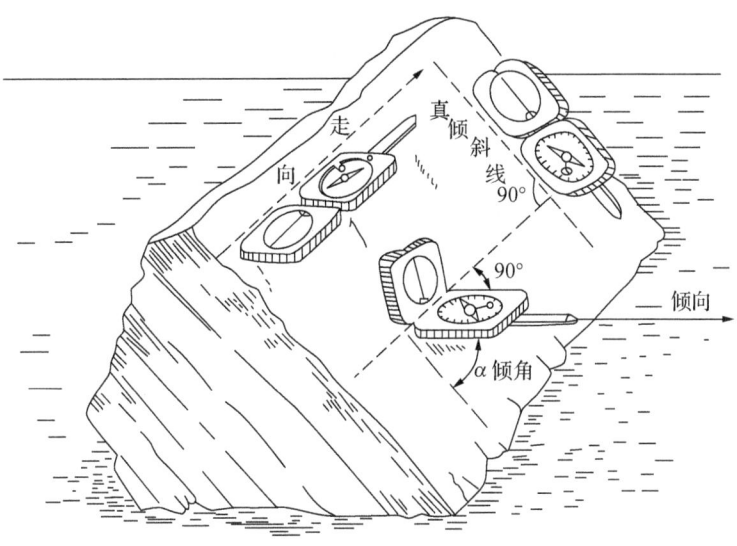

图1-2 岩层产状测量示意

一般情况在对走向不做特别要求时,岩层产状数据只需量出倾向和倾角。记录形式如下:记作90°∠45°,其中90°为倾向,∠45°为倾角。在平面地质图上标记为⊤45°,其中长线为走向,短线为倾向,45°为倾角。长、短线的方向参照地理坐标系。从图1-2中一眼即可看出:走向东西,倾向南。

1.3.2 手持GPS

(1)手持GPS的功能

手持GPS是自然地理综合野外实习、综合野外考察常用的定位、测量仪器（图1-3）。手持 GPS 采用高精度 GPS 测量技术，具有通过测量一个点的经纬度坐标定位、测量某一点的海拔高度、导航、存储航点坐标记录航迹、计算长度、测量边界不规则区域的面积等各种野外测量数据的功能。

目前，手持 GPS 内置有全国交通图、各地区行政图，详细至乡镇村落的行政区划图，用户可根据需求上传各种通用矢量地图，供应商可提供终身升级服务。

图1-3　常用手持 GPS

（2）手持 GPS 的工作原理

手持 GPS 实现定位、导航、测量距离、测量面积、记录航迹等功能是利用太空中由 24 颗卫星组成的卫星网络实现的。手持 GPS 能够接收这些卫星发出的电磁波信号，通过科学地设计这 24 颗卫星的运行轨道，手持 GPS 的用户在地球任何位置都能接收到该网络中至少 3 颗卫星发出的电磁波信号，在某一具体时刻任何一颗卫星的位置都是确定的，只要手持 GPS 通过接收到的至少 3 颗卫星电磁波信号确定了与它们的距离（图1-4），就可以确定手持 GPS 当时所在地点的坐标，并进一步实现导航、测量距离、测量面积、记录航迹等功能。

（3）手持 GPS 的应用

目前，手持 GPS 广泛应用于科学考察、林业、农业、地质、通信、电力、水利、交通、环保等行业领域的资源监测、灾害预警、规划设计、辅助决策等业务。

1 海岸带自然地理综合野外实习的基本方法

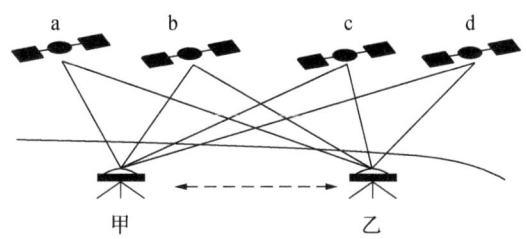

图 1-4 手持 GPS 通过接收卫星电磁波信号定位的工作原理

1.3.3 智能手机

（1）智能手机的功能

智能手机是目前广泛应用的便携式通信工具。由于智能手机具有上网功能、拍照和录像功能，且随着技术的进步，智能手机的内存越来越大、拍照和录像的像素越来越高、上网速度越来越快，所以越来越多的人把智能手机应用于综合野外考察中。在智能手机上下载各种软件，用智能手机在一定程度上代替手持 GPS、数码相机、平板电脑，如利用智能手机拍照、查询潮汐涨落情况、初步鉴定植物、鸟类等。

（2）利用智能手机代替手持 GPS

利用手机安装的高德地图导航。开启手机网络，下载并在手机上安装高德地图、百度地图等专业导航、定位 APP。以高德地图 APP 为例，其具有在线实时更新空间数据功能，可以利用高德地图规划综合野外考察乘车路线、考察区域步行导航等。如计划从青岛大学出发到胶州市洋河河口开展综合野外考察时，出发前打开手机高德地图 APP，输入起点山东省青岛市青岛大学或者定位到"我的位置"，再输入终点洋河河口，高德地图会有多项近似选择项并显示当地地图，选择洋河河口北岸的生态大道作为终点后，手机显示屏就会显示 3 条推荐驾车出行路线（图 1-5）。地图上部显示了驾车、打车、公交地铁等可以选择的出行方式。选择出行方式为驾车后，推荐路线地图下部显示了时间最短、红灯最少、免费 3 个选项备选，驾车出发、点击开始导航后手机会实时语音提示路线，直到驾驶车辆到达选择的目的地。

利用手机安装的吉印足迹等 APP 定位，确定综合野外考察时拍摄照片地点的经纬度位置、海拔高度。吉印足迹是南京吉印信息科技有限公司开发的一款可显示照片拍摄者、拍摄时间和拍摄照片的海拔高度、经纬度、地址

图 1-5 利用手机安装的高德地图 APP 导航

并能适当添加备注说明拍摄照片内容的手机应用软件（图 1-6）。吉印足迹及类似 APP 在确定综合野外考察取样、记录考察点经纬度位置等方面也有较高应用价值（图 1-7）。

（3）利用智能手机识别、鉴定植物

利用智能手机初步识别、鉴定植物已经被越来越多的人知晓。目前，有多个比较流行的基于图像识别人工智能训练的识别、鉴定植物 APP。其中形色通过综合利用植物的茎、叶、花识别判定植物，其经过人工智能训练支持识别 4000 种常见植物，识别准确率超过 92%，1 秒钟就能快速识别给出答案（图 1-8）；花伴侣、花帮主、微软识花等主要通过花识别植物；Leafsnap 主要通过植物叶片识别植物（图 1-9）。这些 APP 识别植物虽然已经具有较高的正确率，但是在综合野外考察做植物调查时，鉴定植物应以有经验的专业人士参考各种植物志人工鉴定为主，通过利用传统的人工鉴定植物方法能直观地认识到植物的各种微观特性，更可能发现关于植物的科学问题。

1 海岸带自然地理综合野外实习的基本方法

图 1-6　吉印足迹 APP 页面

图 1-7　应用吉印足迹 APP 在考察点拍照并标注

图1-8 利用形色APP识别植物

图1-9 常用的手机识别植物APP

（4）利用智能手机鉴定鸟类

滨海湿地水禽种类和种群数量调查是海岸带综合考察中非常重要的内容，包括游禽、涉禽在内的滨海湿地水禽是海岸带生物多样性保护的重要对象，其中鸻鹬鸟类是春、秋季候鸟迁徙时在胶州湾滨海湿地停歇的常见涉禽。调查鸻鹬鸟类滨海湿地涉禽时，应配备单筒望远镜、双筒望远镜、计数器、各种识别鸟类的工具书、数码相机等。

有时调查滨海湿地水禽时，有些种类鉴定非常困难，可以在考察开始前先在手机上下载中国野鸟速查、懂鸟等手机鸟类识别APP。中国野生动物保护协会生态影像文化委员会、中国鸟网根据郑光美的《中国鸟类分类与分布名录》(第三版)开发的中国鸟类图库（https://www.birdnet.cn/atlas.php），可根据鸟的分类、拍摄地、拍摄时间、鸟名等查询各种鸟的图片、形态特征、生态习性、地理分布等（图1-10）。

由于鸟类飞行迅速、与人之间的距离较大，综合野外考察过程中如果计划调查鸟类及其群落数量、栖息地环境及变化等，还需在考察时携带双筒望

图1-10 中国鸟类图库

远镜、单筒望远镜、配有长焦镜头的数码相机等考察装备。

1.4 标本和样品采集的方法与要求

1.4.1 参加自然地理综合野外实习时采集标本和样品的意义

参加自然地理综合野外实习过程中，除了保留文字记录、拍摄的数码照片、手绘的素描图等文字、图片资料外，还可以采集相当数量的岩石、矿物、动植物标本和沉积物、土壤样品，供进行岩石的矿物组成分析、岩石与矿物的化学成分分析、化石鉴定、岩石同位素年龄测定等进一步分析和研究使用。

1.4.2 采集岩石标本、矿物标本的基本要求

地质考察采集的标本主要类型有岩石标本、矿物标本、矿产标本、地层标本、化石标本、构造标本等。采集岩石标本、矿物标本均有一定的规范和要求，不同类型的岩石标本、矿物标本采集方式、采集密度等各不相同。

岩石、矿物等标本的基本形状应为长方体，规格一般为 3 cm×6 cm×9 cm 或 2 cm×4 cm×7 cm。但古生物化石标本的大小不受此限制，以保持化石中的古生物体完整为准，沉积构造标本也是在一定程度上越大越好。

标本采集后，应立即进行文字编录，准确填写标本标签（表1–1）。

表1–1 综合野外考察岩石、矿物标本标签

标本类型：

编　号		采样目的	
采集位置		采样日期	
采集地点		采集人	

编录完毕，将标签与标本用软纸包装，注明标本类型及编号，分类装箱。

考察结束返回驻地后，应将采集的岩石标本、矿物标本与采集标本时填写的标签一一核对，核对无误后可将标本送交测试部门或者研究部门。

采集岩石标本、矿物标本是一项科学、严谨的工作，稍有疏忽，就会造

成失误。更不能丢失,那些珍贵的岩石标本、矿物标本,外行人看来就是一块块普通的石头,但对于地质学研究者来说往往是"无价之宝"。在历史上,北京猿人化石标本丢失成为中国人心中永远的痛。北京猿人化石标本丢失在科学上的损失难以估量,也是永远无法弥补的。

大学生在教师指导下开展海岸带综合野外考察时,在岩石标本、矿物标本采集方面不做特别要求,但学生可以在开展海岸带地质地貌考察时练习采集一些岩石标本和矿物标本,待考察结束后将自己采集的岩石标本、矿物标本带回去进一步观察、学习研究,或者采集一些自己感兴趣的岩石标本、矿物标本或化石标本收藏纪念。

采集岩石标本、矿物标本时要先检查榔头是否稳定,注意前后左右,不要伤及其他人。

1.4.3 沉积物、土壤调查与取样的基本要求

(1) 沉积物调查、取样的基本要求

地貌海岸带是自然环境的重要构成要素之一,海岸带地貌形态和成因复杂多样。开展海岸带综合野外考察时,首先要确立地貌现象和地貌过程是多种自然因素长期相互作用的产物、沉积物是地貌体的组成物质也是地貌过程的产物等思想。

如果考察对象地貌体由松散沉积物构成,需要通过观察判断沉积物的岩性、结构特征并确定其成因类型,海岸带不同部位,如潮上带、潮间带、潮下带沉积物的成因、岩性和粒度、分选性、磨圆度等特征都可能有不同程度的差异。调查时要分析上述沉积物差异形成的原因及其与各种类型地貌体的关系。

沉积物取样用于分析沉积物的岩性特征时,应在沉积物堆积厚度较大处开挖一个新鲜剖面,剥除表面经过风化或污染的部分先用数码相机拍照,然后再采集样品。采集的沉积物样品量要充足,传统的粒度分析方法需沉积物样品 150 g 左右,利用粒度分析仪只需 10 g 左右,其他诸如颗粒分析、矿物成分分析、化学成分分析、颜色测定、表面形态测定、结构分析等各需样品 20～200 g。如采集样品用于分析沉积物结构,则需保持样品原状,有时还需定向,并需专门的铁盒或铝盒盛放样品。

(2) 土壤调查、取样的基本要求

取样时观察记录土壤剖面分层及各层特征,在 0～20 cm、20～40 cm、

40~60 cm 分 3 层自下向上分层采样，每个样点的 3 个样方土壤样品混合作为该样地的土壤样品。采样点可按对角线法、梅花点法、棋盘式法、蛇形法等布设。采集土壤样品时，应认真填写土壤样品标签（表 1-2），标签上应填写样品编号、样品名称、土壤类型、监测项目、采样地点、采样深度、采样人和采样时间等信息。负责填写土壤样品标签的考察人员还应根据采样点周围明显地物点的距离和方位将采样点标记在大比例尺地形图上，或利用手持 GPS、吉印足迹等手机定位 APP 记录采样点的经纬度坐标、海拔高度，并将采样点标记在考察区域地形图底图上。进行土壤调查取样时，取样地点应与植被群落样方调查地点一致并同时进行。

表 1-2 胶州湾综合野外考察土壤样品标签

样品编号	
样品名称	
土壤类型	
监测项目	
采样地点	
采样深度	
采样时间	
采样人	

1.4.4 植物标本采集、鉴定、植物标本制作与植物群落样方调查

1.4.4.1 植物形态观察与植物物种鉴定

在参加海岸带自然地理综合野外实习时，观察并描述海岸带实习区域见到的植物形态及其根、茎、叶、花、果实等植物器官，并利用植物检索表识别、鉴定植物，制作植物标本，进行植物群落样方调查，是认识海岸带植被、研究海岸带植被的重要手段。

（1）根

根是支持植物体和植物体从土壤中吸收水分和养料的器官，由胚根发育的植物根是定根，包括向下生长的主根和主根的各级分支（侧根），由茎、叶上发出的根为不定根或支柱根，由植物的侧根或不定根膨大而成的贮藏营养物质、外形上比较不规则的根称块根，如甘薯、何首乌等。一株植物根的

总体叫作根系，按照形态根系分两类：一类是有明显的与地面垂直生长的主根的直根系（图1-11）；一类是根多数都细长如须，没有明显主根的须根系（图1-12）。一般双子叶植物发育直根系，单子叶植物发育须根系。

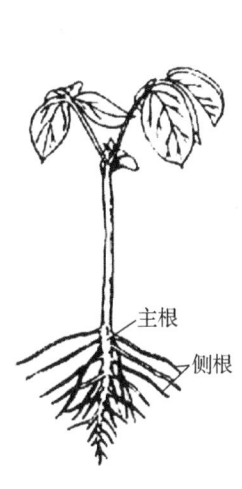
图1-11 陆生草本植物的直根系

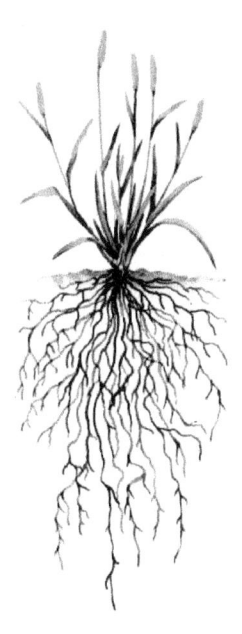
图1-12 陆生草本植物的须根系

（2）茎

茎是植物下与根相连，上部承载着植物的叶、花和果实等器官的重量，植物茎内的导管、筛管具有输送水分和营养物质的作用。根据质地的不同，植物茎包括木质茎和草质茎两类：木质茎的木质部极发达，生长期长；草质茎木质细胞少，生活期短，无永久的木质组织，一次繁殖，植物开花结实后即枯死。按照植物茎生长的部位与地面的关系可分为地上茎、地下茎两类，大多数植物都有地上茎，但莲、芦苇、马铃薯、荸荠等有地下茎。按照形态特征，植物的茎有叶状茎、根状茎、肉质茎、攀缘茎、缠绕茎、匍匐茎、平卧茎、直立茎、块茎、鳞茎、球茎等。在综合野外调查过程中观察、鉴定植物时，应注意观察植物茎的形态特征并能正确分类，这是鉴定植物种类的重要依据之一。

(3) 叶

叶是植物完成光合作用和蒸腾作用的器官，一片完全叶由叶片、叶柄和托叶构成。叶片常见形态有卵形、椭圆形、长圆形、圆形、倒卵形、披针形、倒披针形等。叶片边缘有全缘、波状、齿状、缺刻等。叶脉有网状叶脉、掌状叶脉、直出平行叶脉、横出平行叶脉、射出平行叶脉、弧形叶脉、叉状叶脉等。根据叶柄上着生叶片的数量，可分为单叶、复叶两类：单叶是一个叶柄上着生一个叶片的叶；一个叶柄上生有2个或多个叶片的叶是复叶。根据叶片的平面展布特征，复叶分为三出复叶、掌状复叶、羽状复叶等。在综合野外调查过程中观察、鉴定植物时，应注意观察植物叶的形态特征并能正确分类，这也是鉴定植物种类的重要依据之一。

(4) 花

花是由花芽发育而成的植物的繁殖器官。根据构成要素，花分为完全花、不完全花两类：完全花由雄蕊、雌蕊、花被（包括花瓣、萼片）和花托构成；缺少1~3部分的花叫不完全花。根据雄蕊、雌蕊的发育程度，花分为两性花、单性花和无性花3类：两性花是雄蕊、雌蕊都充分发育的花；单性花是只发育雄蕊或雌蕊的花；无性花是雄蕊、雌蕊均没有发育的花。花在茎上的排列方式称花序。花序轴顶部仅着生一朵花时称花单生。花序轴上着生多花的花序分总状花序类、聚伞花序类两大类：总状花序类开花时花朵由花序轴下部向上部依次开放或由花序周边向中央依次开放，常见的有总状花序、伞房花序、伞形花序、肉穗花序、柔荑花序、圆锥花序、穗状花序、复穗状花序、复伞形花序、复伞房花序等；聚伞形花序类也称有限花序类，其花序轴顶部的花先开放，然后向下或向外侧依次开花，包括单歧聚伞花序、螺状聚伞花序、二歧聚伞花序等。花是识别、鉴定植物的重要依据，识别和鉴定植物时，应认真观察和描述花的形态特征，确定花序的形态特征及类型。

(5) 果实

果实由开花受精后的植物子房发育而成，果实的最外部是由子房壁发育成的果皮，果皮包括外果皮、中果皮和内果皮3层。有的除子房外，花托、花萼等也参与构成果实，其中由子房膨大形成的果实叫真果，除子房壁外，还掺杂花托等花的其他部分的果实叫假果。由于构成雌蕊的心皮数及离合情况及果皮性质的不同，植物的果实可分为核果、浆果、蓇葖果、角果、蒴果、颖果、翅果、坚果、聚合果和聚花果。果实也是识别、鉴定植物的重要依据，识别和鉴定植物时，如有果实应认真观察和描述植物果实的形态特征，确定果实的形态特征及类型，尤其要注意如何区分蒴果、荚果、菁葖果、聚合果、聚花果等。

植物检索表的使用。植物检索表是在海岸带综合野外考察时识别、鉴定植物的必备工具书，植物检索表根据马克二歧分类原则把很多植物相对立的特征分成两个分支，再把每一个分支中所属植物的相对特征分成两个对立的次一级分支，依次下去直到编制的科、属或种检索表的终点为止。通常有科、属、种3级植物分类检索表。利用植物检索表鉴定植物时，可利用放大镜、体视显微镜、解剖针、镊子等工具观察鉴定植物的各种器官。

1.4.4.2 植物标本制作

采集、制作植物标本是识别植物，进一步研究植物与开发利用植物资源的重要手段。实习过程中采集植被标本时，应力求植物体完整，尽可能采集到有助于鉴定植物的花、果实、根、茎、枝、叶等植物器官。采集草本植物标本时应采集全株，若植物较高大压制标本时可将植株折成"V"形或"N"形；采集高大的木本植物标本时，可以只采有叶、花或果的枝。采集植物标本时，如果采集到肥大多汁的鳞状茎、块茎、块根、浆果、核果时，这类茎、根或果实不宜放在标本夹内压制，可悬挂于通风干燥处，待阴干后放入纸袋或其他袋子保存。

采集植物标本时要挂标签，每种植物重复多采时要挂相同的标签（表1-3）。采集植物标本时，要及时记录每个植物标本的特征（表1-4），避免过后补充记录时发生错误，尤其是植物的花、果实，压制标本后颜色、大小会发生很大的变化，所以一定要在采集标本的同时认真观察，准确记录。

表1-3 综合野外考察植物标本标签

学校名称	
标本编号	
拉丁名	
中文学名	
采集地点	
鉴定人	
采集日期	

表1-4 综合野外考察植物标本记录表

标本编号		采集地点	
经纬度		海拔/m	
生境		高度/m	
胸径/cm		树皮	
叶		花	
果		用途	
俗称		科	
属		种	
拉丁名		附记	
采集日期	年 月 日	采集人	

压制植物标本时,要把植物枝叶展开摆平放在吸水性较强的几层纸上,枝叶不要重叠太厚,不要过分修饰改变原样,然后盖上几层吸水性强的纸,最后将标本和纸放在标本夹内,用绳子捆扎后放在日光下或通风处使其尽快脱水。压制标本初期每日要换纸1~2次,渐干后可以减少换纸次数,直至不换。

植物标本完全干燥后,可以使用纸条、针线或者透明胶带将其固定在较厚的白纸上,并附上采集记录。植物标本制作完成后,应按照科、属、种分类放置在干燥通风的室内,便于保存查找。

1.4.4.3 植物群落调查

植物群落调查可采用样线法、样方法进行。调查前需准备样方绳、皮尺、钢卷尺、植物群落样方调查表（表1-5）、文献资料等。调查样方的面积大小根据湿地植被类型确定,草本植被调查样方面积选择 4 m²,灌丛植被调查样方面积选择 16 m²,单纯针叶林调查样方面积宜选择 100 m²,复层针叶林和夏绿阔叶林调查样方面积宜选择 100 m²。植物群落调查时,样地可选择方形、圆形或样带。

表1-5 综合野外考察植物群落样方调查表

样方编号			经度	° ′ ″
样方面积	☐ 4 m² ☐ 16 m² ☐ 100 m²	位置	纬度	° ′ ″

1 海岸带自然地理综合野外实习的基本方法

续表

地貌条件			地表积水条件	
周围环境			表层土壤质地、颜色	
植被类型		群丛	植物总种数	
样方植物干重		kg	样方植被总盖度	
建群种 名称： 多度：	平均株高			cm
	最大株高			cm
	最小株高			cm
	盖度			
共建种（1） 名称： 多度：	平均株高			cm
	最大株高			cm
	最小株高			cm
	盖度			
共建种（2） 名称： 多度：	平均株高			cm
	最大株高			cm
	最小株高			cm
	盖度			
优势种（1） 名称：	平均株高			cm
	最大株高			cm
	多度			
	盖度			
优势种（2） 名称：	平均株高			cm
	最大株高			cm
	多度			
	盖度			
优势种（3） 名称：	平均株高			cm
	最大株高			cm
	多度			
	盖度			

续表

名称		多度	株高
伴生种	（1）		cm
	（2）		cm
	（3）		cm
	（4）		cm
	（5）		cm
	（6）		cm
	（7）		cm
	（8）		cm
	（9）		cm
	（10）		cm
偶见种（1）名称：		平均株高	cm
偶见种（2）名称：		平均株高	cm

调查人：　　　　　　　　　　　　调查时间：　　年　月　日

进行植物群落调查时，以植被类型分类的最低单位群丛为准，地理位置以经纬度为准。为全面地反映自然因素及人为因素调查样方湿地植被特征的影响，选择了地貌条件、周围环境、地表积水条件、表层土壤质地及颜色等植被生境条件作为调查项目，其中样方周围环境是反映植被受人类活动影响程度最大的项目。样方植物群落调查应首先确定建群种、共建种及优势种，确定这些主要植物种类植株的平均高度、最大高度、多度、盖度，其次鉴定群落伴生种、偶见种的种类，平均株高。记录样方位置及生境，所有物种，特别是建群种、优势种的平均株高、最大株高，利用 Drude 多度级和投影盖度标准确定建群种、优势种的多度、盖度。

1.5　实习时如何使用地形图

地形图是野外地质工作必不可少的基础图件。但地形图和一般的地图不同，地形图是用地形等高线和地物符号表示地形情况的平面图件。借助地形图，可以了解自然地理综合野外实习区域的地貌、交通、水系、经济等自然

1 海岸带自然地理综合野外实习的基本方法

环境特征，为制订自然地理综合野外实习计划提供参考依据，以最有效的方式取得最佳效果，减少盲目性。也可以通过分析地形图获取地理信息，同时地形图也是编制各类考察成果图件的基础底图。

1.5.1 选择地形图

先看图名，是否是自然地理综合野外实习所需的区域地形图。再看比例尺，是否符合自然地理综合野外实习的需要。地形图的比例尺分为大（1∶10 000以上）、中（1∶200 000～1∶10 000）、小（1∶200 000以下）3类，根据地质工作精度要求不同选择不同比例的地形图。一般选择1∶50 000的地形图，虽然比例尺小，信息概括程度高，但是包含的区域范围大，所含的有用信息也多。

仔细研读自然地理综合野外实习区域的地形图并根据已掌握的资料，分析考察区域地质地貌特征，了解交通、居民点分布及水系情况。

1.5.2 使用地形图

在野外，站在考察区域内较高的山峰或地势高亢部位，利用罗盘，将地形图上方对准正北方向。将考察区域内主要地形、地物与地形图逐一对照，熟悉考察区域的地形、地物及方位、距离、通视、通行情况。

在观察点上练习用罗盘定点，将测量数据记在笔记本上。测量出露岩石的产状，将所测岩层产状用符号标示于地形图上。

参考文献

[1] 杨士弘．自然地理学实验与实习［M］．北京：科学出版社，2002．
[2] 于耀先，李殿杰．自然地理学基础实验实习［M］．济南：山东省地图出版社，1997．

2 胶州湾海岸带区域自然地理概况

2.1 海湾

海湾是"被陆地环绕且面积不小于以口门宽度为直径的半圆面积的海域"(GB/T 58190—2000)。海湾具有优越的地理位置和独特的自然环境，蕴藏着丰富的自然资源。随着社会经济的发展，很多海湾逐渐成为海陆交通枢纽、渔业基地和集散中心、临海工业中心、滨海旅游中心、海洋药物资源和矿产资源宝库、国防战略要地，认识和研究海湾，对于保卫海洋国土、发展海洋经济、保护海洋环境具有重要意义。

胶州湾、团岛湾、青岛湾、汇泉湾、沙子口湾、丁字湾等是青岛市主要的海湾。

2.2 海湾的分类

类型是对事物共同属性的抽象和概括，分类的对象必须是个体，分类的依据不同、分类结果也不同。海湾可以根据成因、水域率、形态系数、开敞度和动力参数等进行分类。

（1）根据成因对海湾进行分类

以全新世中期以来，大致距今6000年前冰后期全球性海侵作为现代海湾形成的时间界限。海侵盛期，海水侵入近岸低洼地区形成的海湾为原生海湾；海侵盛期过后，海面趋于稳定，因波浪、潮流、沿岸流、河流、生物等作用形成的海湾为次生海湾（图2-1）。根据成因，胶州湾属于原生海湾中的构造湾。

（2）根据水域率对海湾进行分类

水域率是指海湾中理论深度基准面以下水域面积和全湾（含滩涂）面积的比值。根据水域率海湾分为全水湾（水域率>80%）、多水湾（水域率

2 胶州湾海岸带区域自然地理概况

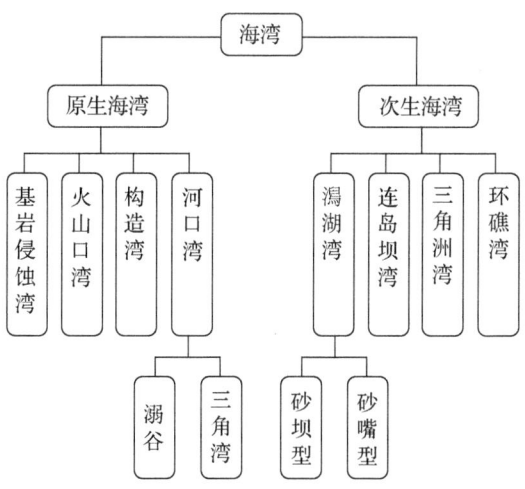

图 2-1 中国海湾的成因类型（夏东兴等，1990）

60%~80%)、中水湾（水域率 40%~59%）、少水湾（水域率 20%~39%）和干出湾（水域率<20%）5 类。根据水域率对海湾进行分类有助于滩涂湿地保护。胶州湾的水域率约为 64%，属于多水湾；山东荣成的朝阳港水域率仅为 3%，属于干出湾。

（3）根据形态系数对海湾进行分类

海湾形态系数是指海湾的宽度与长度的比值。根据形态系数海湾分为狭长型（形态系数≤0.50）、宽长型（形态系数 0.51~0.90）、方圆型（形态系数 0.91~1.10）、长宽型（形态系数 1.11~1.50）、短宽型（形态系数>1.50）5 类。胶州湾的形态系数为 0.83，属于宽长型海湾。根据形态系数对海湾进行分类有助于认识海湾形态特征、水动力条件和潮流三角洲等地貌单元的发育情况。

（4）根据开敞度对海湾进行分类

开敞度是指海湾的口门宽度与海湾岸线总长度之比。根据开敞度海湾分为开敞型海湾（开敞度>0.20）、半开闭型海湾（开敞度 0.10~0.20）、半封闭型海湾（开敞度 0.01~0.09）、封闭型海湾（开敞度<0.01）4 类。根据开敞度对海湾进行分类有助于认识海湾的海洋动力条件和海水交换能力。胶州湾的开敞度为 0.02，属于半封闭型海湾。

(5) 根据动力参数对海湾进行分类

海湾的动力参数是指海湾的平均潮差与平均波高之比。根据动力参数海湾分为浪控海湾（动力参数≤2.0）、以浪控为主的混合海湾/浪混海湾（动力参数2.0~4.5）、以潮控为主的混合海湾/潮混海湾（动力参数4.5~6.0）、潮控海湾（动力参数6.1~10.0）、强潮海湾（动力参数>10.0）5类。根据动力参数对海湾进行分类有助于认识海湾的海洋水动力条件、海湾沉积物分布规律和海湾地貌基本特征。胶州湾的动力参数约为14.0，属于强潮海湾。

2.3 胶州湾的位置

胶州湾古称少海、幼海，后称胶澳，近代叫胶州湾。胶州湾位于山东半岛西南部，是由黄海伸入内陆的略呈扇形的半封闭天然海湾，胶州湾与黄海的分界线为团岛头（36°02′36″N，120°16′49″E）和薛家岛脚子石（36°00′53″N，120°17′30″E）2个花岗岩岬角的连线。胶州湾的东西宽28 km，南北长33 km，湾内岸线长163 km，海湾总面积423 km^2，其中滩涂面积125 km^2、0 m以深面积256 km^2、5 m以深面积98 km^2、10 m以深面积50 km^2，平均水深约7 m，最大水深64 m。

胶州湾的气候为深受海洋影响的暖温带大陆性季风气候，冬无严寒，夏无酷暑，冬季盛行西北风（大陆季风），夏季盛行东南风（海洋季风），受季风影响胶州湾地区的降水主要集中在夏季，夏季降水量约占全年降水量的60%，且春末、夏初多平流雾性质的海雾。

胶州湾潮汐为正规半日潮，大潮潮差约4.8 m，平均潮差约2.8 m。沿岸有大沽河、洋河、白沙河、李村河、墨水河、辛安河等十几条河流注入胶州湾。

沿岸地势从西北向东南逐渐增高，地貌类型复杂，以基岩海岸为主，西北为平坦开阔的大沽河冲积平原和海积平原，分布淤泥质海岸，东部（青岛市区）为花岗岩丘陵，西南部是较高的低山丘陵。

2.4 胶州湾的形成与演化

2.4.1 胶州湾的形成

胶州湾是 11 000 年前由海水入侵构造盆地而形成的海湾，之后发生了新仙女木事件，降温导致海面下降、海水退出胶州湾，到距今 9600 年前海水又进入胶州湾盆地、海面不断抬升，胶州湾的演化进入新时期。

2.4.2 胶州湾的演化

胶州湾的演化大致分为自然发展阶段、人类开发干扰阶段两大阶段，自然发展阶段从胶州湾形成到 20 世纪 30 年代，人类开发干扰阶段从 20 世纪 30 年代至今。在自然因素和人为因素影响下，胶州湾海湾面积不断缩小，纳潮量和整个海湾水量不断减少。

在距今 7000 年前高海面时期，胶州湾面积为 707.70 km^2，之后面积逐渐减小。1935 年以前，为胶州湾的自然演化阶段，该阶段海湾面积大、面积年减小速率小，仅 0.03~0.27 km^2/年（王文海，1982）；1935 年以来，人类开发海洋活动强度逐渐增大，胶州湾面积减小率逐渐增大，1958—1966 年胶州湾面积减小率达 8.08 km^2/年，成为胶州湾面积减小最快的时期，1977 年以后胶州湾面积减小的速率逐渐放缓（表 2-1）。随着胶州湾面积的减小，胶州湾的纳潮量、湾口海流平均流速也逐渐变小（表 2-2）。

表 2-1 胶州湾海湾面积的变化

年份	海湾面积/km^2	面积变化量/km^2	面积变化率/(km^2/年)
距今 7000 年前	707.3	—	—
1863	578.5	128.8	0.025
1935	559.0	19.5	0.27
1958	535.0	24.0	1.04
1966	470.3	64.7	8.08
1977	423.0	47.3	4.30
1985	403.0	20.0	2.50
1992	388.0	15.0	2.14
2000	375.0	13.0	1.62

表 2-2　胶州湾历年面积、纳潮量及湾口海流平均流速

年份	海湾总面积/km²	0 m 以深面积/km²	纳潮量/km³	湾口平均海流流速/(m/s)
1863	578.5	295.0	12.14×10^8	1.63
1966	470.3	277.7	10.40×10^8	1.44
1985	403.0	255.5	9.20×10^8	1.23
1992	388.0	245.5	8.80×10^8	1.18

2.5　影响胶州湾演化的因素

2.5.1　自然因素

①海面变化。胶州湾的形成本身就是冰后期海面上升的结果,胶州湾形成以后海面还有数次波动,目前全球海面处于上升时期,这对胶州湾有一定影响。

②区域性构造运动。胶州湾周边陆域新构造运动以来处于缓慢抬升状态,如果没有其他因素影响,地壳抬升将使胶州湾面积缩小,但海面上升抵消了地壳抬升,所以胶州湾的海面高度基本稳定。

③河流输沙。流入胶州湾的河流有大沽河、南胶莱河、白沙河、墨水河、洪江河、李村河、洋河等十几条河流。由于胶州湾是半封闭式海湾,这些河流输入的泥沙基本沉积在胶州湾,入海河流泥沙淤积导致胶州湾面积减小,但由于水库等水利工程建设,上述河流向胶州湾的输沙率不断减少(表 2-3)。

表 2-3　流入胶州湾的主要河流的年均输沙量

单位:万 t/年

河流	年份	年输沙量	年份	年输沙量	年份	年输沙量
李村河	1976—1979	2.94	1976—1989	1.54	1980—1989	1.12
白沙河	1971—1979	0.51	1971—1989	0.28	1980—1989	0.13
墨水河	1970—1979	4.76	1970—1989	3.17	1980—1989	0.88
大沽河	1952—1979	95.92	1952—1989	70.86	1980—1989	0.69
南胶莱河	1952—1965	27.36			1980—1989	0.69
洋河	1958—1965	25.81				

2.5.2 人为因素

①围填海。随着社会经济的快速发展，对海洋资源的开发利用强度也再加大，围填海成为胶州湾海湾面积减小、演化的重要人为影响因素（表2-4）。

表2-4　胶州湾围填海面积及占总面积比例的变化

年份	海湾减小面积/km²	围填海面积/km²	围填海面积与海湾减小面积之比	典型工程
1922—1966	89.0	87.5	98.3%	红岛连陆、盐田等
1966—1985	67.3	62.0	92.1%	黄岛连陆等
1985—1995	15.0	14.3	95.3%	环湾公路建设等
1995—2002	8.54	8.54	100.0%	保税区建设等

②城市垃圾。20世纪80年代前，青岛市向胶州湾倾倒过很多工业垃圾和城市生活垃圾（表2-5），数量与主要入海河流向胶州湾的年均输沙量大致相当。自20世纪80年代以来，虽然向胶州湾倾倒的垃圾数量已经大幅减少，但向海倾倒垃圾仍是胶州湾海洋污染的一个重要影响因素。

表2-5　1980年以前年均向胶州湾倾倒的工业垃圾和城市生活垃圾

序号	项目	数量/(万t/年)	倾倒垃圾位置
1	工业垃圾	24.0	胶州湾东岸
2	白泥	16.8	胶州湾东岸
3	生活垃圾	34.0	胶州湾东岸
4	工业废渣	67.0	胶州湾东岸河口
5	入海河口悬浮物	15.0	胶州湾东岸
6	厂家直排悬浮物	4.2	周边各地
7	市政排污	0.2	周边各地
	合计	161.2	—

2.6 胶州湾海岸带的地质、地貌特征

2.6.1 地层与地质构造

胶州湾大地构造上属于新华夏系第二隆起带胶东隆起区，该区从元古代末至古生代长期处于隆起剥蚀过程。中生代、新生代以后，由于太平洋板块向欧亚板块俯冲挤压，致使胶东隆起区的基底壳层大规模破裂，形成3个次级构造单元。这3个次级构造单元由北向南依次是胶北隆起、胶莱坳陷和胶南隆起。胶州湾恰巧位于胶南隆起的东端与胶莱坳陷接合处的特殊地带。

（1）地层

胶州湾地区地层较齐全，兼有元古代胶南隆起和中生代胶莱坳陷的所有地层，各时代地层及其层序、分布、岩性特征如表2-6所示。

表2-6 胶州湾地区地层

年代地层单位			岩性地层单位			
界	系	统	群	组	代号	沉积建造
新生界	第四系	全新统			Q_4	滨海相、河湖相碎屑沉积建造
		更新统			Q_{1-3}	
中生界	白垩系	上统		王氏组	K_2W	河湖相红色碎屑岩建造
		下统		青山组	K_1q	陆相碎屑岩及火山岩建造
	侏罗系	上统		莱阳组	J_3l	河湖相碎屑岩建造
元古界			胶南群	于家岭组	Ptjny	火山、泥沙、钙质建造
				邱官庄组	Ptjnq	火山、泥沙、复理石建造
				甄家沟组	Ptjnz	酸性火山岩建造
				大山沟组	Ptjnd	火山、泥沙建造

注：～～～表示地层不连续，有沉积间断；……表示地层界线不确定。

1）元古界胶南群

胶南群是胶州湾地区出露的最古老地层，属于绿片岩－角闪岩相，中深度区域变质、混合岩化作用较强，岩性主要特征与胶北隆起的胶东群相近。胶南群地层分布在胶州湾地区西南部。胶南群地层共分4个组，大山沟组、

甄家沟组、邱官庄组和于家岭组。

大山沟组（Ptjnd）。分布在鹿角湾、唐岛湾、顾家岛等地。主要有厚层状黑云母斜长片麻岩夹少量变粒岩，向上变粒岩有明显增加的趋势，局部夹有薄层或透镜状斜长角闪岩。顾家岛一带为条痕状混合岩。地层中脉岩发育，岩层产状 140°∠58°。

甄家沟组（Ptjnz）。分布在红石崖西南部。主要有二云二长片麻岩、白云斜长片麻岩、夹黑云母片岩、黑云变粒岩，偶见绿帘黑云斜长角闪岩，下部有条痕状、条纹状混合岩及斑纹状混合岩分布。

邱官庄组（Ptjnq）。分布在胶南市石灰山、老君塔山以北地区。主要有中厚层—厚层状白云变粒岩、黑云变粒岩、浅粒岩夹含石墨白云片岩，顶部为黑云母片岩和浅粒岩互层，局部混合成斑纹状混合岩。石灰山一带主要为黑云母二长片麻岩夹斜长角闪岩、白云石英片岩，偶夹白云母白云石大理岩。该组地层不整合于甄家沟组地层之上。

于家岭组（Ptjny）。分布在红石崖西南部的石梁、唐家一带。岩性为厚层、巨厚层黑云母片岩、黑云变粒岩、黑云阳起片岩、混合质黑云片岩、浅粒岩夹斜长黑云片岩、斜长角闪岩和橄榄白云石大理岩，局部混合为斑纹状混合岩。该组地层整合于邱官庄组地层之上。

2）中生界侏罗系及白垩系

胶州湾地区出露的中生界地层主要有上侏罗统莱阳组、上白垩统王氏组，主要分布在胶州湾北部、西北部及南部的薛家岛等地。岩性均为一套陆相沉积，火山岩—碎屑岩建造。

侏罗系上统莱阳组（J_3l）。主要分布在胶州湾西北部营房等地，面积较大。岩性以暗紫红色砾岩、含砾砂岩、砂岩为主，夹有黄褐色、灰绿色细砂粉砂岩及少量页岩。其中，砂岩以长石石英砂岩为主。从沉积岩相分析，这是一套以河相为主的河湖相沉积，产状为 105°~120°∠15°。

白垩系下统青山组（K_1q）。主要分布在胶州湾北部和南部薛家岛地区。在该区青山组为分布最广泛、最完整的地层，总厚度 4700 m。下部为沉积岩—火山碎屑岩；中部由中基性和中酸性火山熔岩和凝灰岩组成，岩性纵横变化较大；上部主要为中性酸性集块岩、凝灰质角砾岩及少量凝灰岩和沉积岩薄层。胶州湾北部主要有玄武岩，安山岩，气孔状、石泡状及球粒状流纹岩，胶州湾南部主要为粗安岩、粗面岩、碱性安山岩等。

胶州湾地区的青山组地层划分为 2 个亚组。

青山组上亚组（K_1q^2）。主要分布在胶州湾马戈庄以北地区，在河头店、韶存庄、日庄、牛溪埠、水集、望城、绕岭、李权庄等地广泛分布，主要岩性为中基性—中性—中酸性火山岩流夹火山碎屑岩薄层，尤以紫红色安山岩为多见，间夹层为凝灰岩、凝灰质砂砾岩、火山角砾岩、熔岩角砾岩等，为一套火山岩流喷溢之产物。

青山组下亚组（K_1q^1）。主要分布在胶州湾北部河头店东、西两侧及望城以南的林泉庄—于旺庄—泽口集一带，主要岩性为紫红色（局部夹黄绿色）厚层含凝灰质砂砾岩，含凝灰质砂岩、长石砂岩互层，夹粉砂岩、粉砂质泥岩薄层。

白垩系上统王氏组（K_2w）。白垩系上统王氏组是一套以红色为主的陆相碎屑沉积，属河流—湖泊相，主要岩性为红色砾岩、砂岩、粉砂岩及粉砂质泥岩等，厚度约为 4100 m，根据岩性组合和沉积环境不同，白垩系上统王氏组可分为三段。

王氏组第一段（K_2w^1）。主要分布在河头店以南的高格庄东西两侧、牛溪埠东西两侧、水集镇的展格庄—夏家屯及绕岭以北房家屯一带。主要岩性为暗色、紫色厚层砾岩、砂砾岩、夹紫红色砂岩、粉砂岩薄层，厚几十米至 321 m。

王氏组第二段（K_2w^2）。主要分布在南部洼区中间的低缓丘陵、山岗地带和水集镇西北炉上—展格庄、周格庄乡的门家疃、南岚乡的藏格庄一带。多呈大面积出露，整合超露于王氏组第一段之上。主要岩性为紫红、砖红色粉砂岩和粉砂质泥岩夹粉红色、杂色含砾粒粗石英砂岩及砂砾岩或砾岩，其中石灰质结核十分发育，中下部夹泥质灰岩薄层，厚近 2000 m。

王氏组第三段（K_2w^3）。主要分布在周格庄乡以西小院—任家疃、簸箕掌—草泊、院上以西至蔡家庄、夏格庄西北至天井山一带。主要岩性为粉红色、杂色厚层状含砾粗粒石英砂岩与紫红色、砖红色粉砂岩及粉砂质泥岩互层，向上含砾粗砂岩增多而变为含砾粗石英砂岩类粉砂岩、粉砂质泥岩薄层，砂岩中交错层发育，厚约 1800 m，为一套氧化环境下河流冲积相粗—细碎屑冲积物，整合沉积于王氏组第二段之上。

3）岩浆岩

胶州湾东部和西南部的低山丘陵区，分布着 2 个规模巨大的崂山、小珠山复式岩体。他们是中生代燕山运动晚期岩浆活动的产物。每个复式岩体都由几个小岩体组成。各小岩体都有各自的历史和独特的岩石类型。岩石类型复杂反映了岩浆活动的多期性。各小岩体多呈岩基、岩株状产出,岩体分布明显受 NE 向区域性断裂控制。

艾山阶段似斑状花岗闪长岩侵入体（$\gamma\delta_5^{3(1)b}$）。多似斑状结构花岗闪长岩,灰白色、浅肉红色。主要矿物为斜长石（40%）、钾长石（24%）、石英（27%）、黑云母、角闪石、磁铁矿,副矿物大部分属榍石—磷灰石型,某些正长岩中锆石极富,艾山期似斑状花岗闪长岩同位素年龄为 1.45 亿~1.64 亿年。

崂山阶段酸碱性杂岩各次岩体（$\gamma_5^{3(2)}$）。主要分布在胶州湾东部和西南部,岩体呈北东向展布,同位素年龄为 0.67 亿~1.48 亿年。

黑云母花岗岩体（$\gamma_5^{3(2)a}$）。主要分布在小珠山、薛家岛、胶州湾东部湛山—浮山所一带,岩体呈北东向展布。岩石呈肉红色、灰白色,矿物成分有钾长石、斜长石、石英、黑云母,以中粗粒花岗结构为主,块状构造。

钾质白岗岩（崂山花岗岩）体（$\gamma_5^{3(2)b}$）。主要分布在小珠山东部和麦岛东侧的崂山区。岩石呈灰白色,主要矿物有钾长石、石英,含少许黑云母等暗色矿物。中粗粒花岗结构,晶洞发育,该岩体是崂山复式岩体的主要岩体。

正长白岗岩体（$\gamma_5^{3(2)c}$）。主要分布在青岛市内,在鲁迅公园、信号山、青岛山、八官山、黄岛等地都有较好的出露。肉红色、铁红色,中细粒等粒花岗结构,块状构造。主要矿物有钾长石、石英,岩石有石英细脉穿插,岩石绿帘石化现象显著。

中细粒花岗岩体（$\gamma_5^{3(2)d}$）。主要分布在小珠山、青岛市北部地区,分布面积小于前三种岩体。岩石呈肉红色、灰白色,中细粒花岗结构,块状构造,岩体边缘的岩石结构变细,析离体和包裹体发育。

脉岩。胶州湾沿岸岩脉极发育,多呈北东向分布,多以脉岩群侵入到各岩体中。脉岩种类繁多,有细晶岩、辉绿岩、煌斑岩、闪长玢岩及花岗玢岩等,以花岗玢岩最为发育,具有数量多、规模大的特点。

（2）地质构造

胶州湾地区褶皱构造不发育,但断裂构造十分发育。以 NE 向断裂为主,近 EW 向断裂也起主要作用。断裂倾角皆为高角度,一般在 60°~80°。这些断裂控制了本区的岩浆发育、火山活动和地层分布。

区内较大的 NE 向断裂主要分布在胶州湾东岸及东北岸,主要有以下几条断裂。

郭城—即墨断裂：该断裂自海阳县郭城至即墨市南部，墨水河走向严格受其控制，在区内自城阳向 SW 伸入胶州湾。

朱吴—店集断裂：该断裂自海阳朱吴经即墨店集至沧口，又称沧口断裂，它控制了崂山花岗岩体与白垩系沉积地层的分界线。

除以上两条大的断裂之外，在崂山花岗岩体中还发育了两条 NE 向规模较大的断裂，一条为劈石口—浮山所断裂，另一条为王哥庄—山东头断裂。

EW 向的断裂主要发育在胶州湾的西岸和北岸，主要有胶县断裂、消官庄断裂。

胶县断裂：该断裂自安丘市南部，经胶州至马戈庄一带。

消官庄断裂：断裂发育在胶州湾的西岸，该断层上盘为白垩系地层，下盘为太古界和元古界地层，对胶莱凹陷起控制作用，是胶南隆起的北边界。

另外，还有一条近 EW 向断裂发育在胶州湾西岸，沿小洛戈庄、大后旺、东方红盐场一线展布，是白垩系与侏罗系地层的分界线。

2.6.2 地貌与第四系沉积物

(1) 胶州湾沿岸陆地地貌

胶州湾东侧和南侧陆域为崂山山地和珠山山地，北部和西部则为胶莱河平原及丘陵。胶州湾周边陆地地貌主要有：侵蚀剥蚀低山丘陵，主要分布在红石崖至红岛一线东南侧的山地周围，高程 50～200 m；侵蚀剥蚀台地，主要分布在胶州湾的西南、西北和红岛地区，高程为 10～50 m；侵蚀剥蚀准平原，分布在河套、马戈庄以北地区。另外，在白沙河口至城阳以东地区有冲积平原分布。有多条山区间歇性小河发育，如白沙河、洋河、岛耳河等。

侵蚀剥蚀低山丘陵。主要为分布于胶州湾东部的崂山山地和西南部的小珠山山地，其中崂山山地是由中生代燕山期巨大的花岗岩侵入岩体经长期侵蚀剥蚀而成，崂山主峰崂顶海拔 1132.7 m，是该区域最高点。崂山山体被 4 条东北—西南向断裂带分成 3 条块状山地：北部条块与胶莱平原相接，自东北向西南分别为三标山、铁骑山和老虎山，海拔由 683 m 降至 429 m；中部条块西北与东南分别为劈石口——张村断裂、王戈庄——午山断裂分割，自东北向西南为锥子崮、青峰顶、浮山，海拔由 758 m 降至 368 m，南部是以崂顶为中心的小直角三角形断块，是崂山山地最高的主体部分，由于强烈的差异侵蚀和球形风化，形成了危峰突兀、犬牙状山脊、形态各异的摇摆石，由大量球形风化的花岗岩巨砾组成的重力崩塌堆积物沿山麓及谷坡分布，形成了特有的石蛋地貌。

侵蚀剥蚀准平原。胶州湾北部的河套、马戈庄一带为典型的侵蚀剥蚀准平原，地面低平，起伏甚微，最南部海拔 5 m 左右，向北逐渐增高，是由中生界白垩系砂页岩、安山岩经长期侵蚀剥蚀作用而成，地表多为残积物，土层薄，有些地方有大量钙质结核。

（2）胶州湾海岸地貌

胶州湾大部分海岸为基岩港湾海岸，红石崖以北至山脚底以粉砂淤泥质海岸为主。

1）基岩港湾海岸

岸线曲折，岬湾相间，基岩港湾海岸海蚀地貌分 3 种类型：①稳定型，包括黄岛前湾和海西湾海岸、红岛南侧海岸；②侵蚀型，分布在海西半岛东侧，该海岸普遍因侵蚀而缓慢后退；③受人类强烈改造型，由团岛至娄山后海岸为港口、工厂、环湾公路所占据，全部为人工堆砌，其面貌和原来大不相同。

2）砂质和粉砂淤泥质平原海岸

岸线较平直，海积平原、沙滩、潮滩、砂咀和砂堤等堆积地貌形态发育。可分为：①稳定型砂质平原海岸，分布在黄岛辛安平原前，海岸比较稳定；②侵蚀砂质海岸，主要分布在大石头—红石崖，其中大石头—法家园为典型的砂质海岸，法家园—红石崖为砂砾海岸，大窑以东侵蚀比较严重；③淤涨型粉砂淤泥质海岸，分布于红石崖—红岛的宿流一线以西，这段海岸有大沽河、南胶莱河、洋河等几条河流入海，形成较宽阔、平坦的平原。由于河流含沙量较高，因而潮滩发育，现均改造为盐田和虾池，形成人工海岸。

3）充填型河口湾海岸

位于红岛的东大洋—娄山一线，海域是一个狭长的海湾，墨水河、洪江河、白沙河等河流均从此入海，使海湾愈来愈浅，潮间浅滩广泛发育，形成典型的充填型河口湾海岸。现已改造成为盐田、虾池和环湾公路，形成大量人工海岸。

（3）海底地貌

1）侵蚀地貌

侵蚀深槽：在胶州湾内有 5 条侵蚀深槽，呈指状散开，延伸方向为 NNE、N 和 NW 方向，以沧口水道最为典型，延伸最长。按大于 5 m 水深计算,该水道长度达 15 km 左右,宽度达 500~2000 m。由于潮流的冲刷,南段槽底基岩多裸露,北段为泥质粉砂。

侵蚀洼地:在中砂礁西北及黄岛和团岛之间分布椭圆形侵蚀洼地,前者水深在 30~40 m,后者最大水深为 64 m。

水下侵蚀岩礁和平台:大部分分布在沿岸海区,也有的位于冲蚀槽内,侵蚀岩礁及平台主要有中砂礁、马蹄礁、安湖石、黑孤石、大孤石等。中砂礁最大,位于黄岛东北部,大沽河水道和岛耳河水道交汇处,有两个礁顶,面积分别为 0.022 km^2 和 0.017 km^2,东礁最浅点水深为 5.7 m,西礁顶部水深为 6 m。

2)堆积地貌

潮流砂脊:分布在潮流水道两侧,呈长条状隆起地形。

水下堆积平原:分布在近岸浅水地带,以西部海区最典型。

水下浅滩:分布在胶州湾的北部及黄岛湾和海西湾内。其特点是海底地势平坦,组成物质细,多为淤泥质粉砂。东北部浅滩海相层最大厚度达 14 m。

3)泥沙运动

胶州湾泥沙来源有河流输沙、海岸侵蚀、海底侵蚀物质及排入湾内的垃圾 4 个方面。1985 年以前,河流输沙每年约 160 万 t 左右,现在呈现逐年减少的趋势。青岛每年向胶州湾排放的垃圾在 100 万 t 以上。潮流和波浪侵蚀带入湾内的泥沙较少。波浪作用下泥沙最活跃的水深是 2 m 以内的浅海海域。细粒物质主要在海流作用下运移。由于涨潮流大于落潮流,使得外海泥沙少量向湾内运移。胶州湾沉积速度很小,仅有 0.03~0.37 cm/年。

(4)胶州湾的第四系沉积物

胶州湾的沉积物主要是中更新世以来的第四系沉积物,沉积物的厚度变化较大,湾口部分最薄,甚至有大片基岩裸露,两侧沉积物厚度加大,湾顶最厚可达 21 m,湾外落潮流三角洲松散沉积物厚度多在 20 m 以上,最厚可达 40 m 以上。沉积物有淤泥、淤泥质粉砂和砂等。由于外海至湾顶水动力强度变化较大,胶州湾潮汐汊道表层沉积物类型较为复杂,与水动力和水深相适应,湾口流速较强的部分为基岩或粗砂、砾石;湾内主水道区为砂,水道间浅滩和湾顶多为细颗粒粉砂淤泥;湾外落潮流三角洲则由于波浪作用的影响,在水深较浅的浅滩物质最粗,为砂质沉积物,而浅滩水深较大的区域沉积物较细,为粉砂粒级的沉积物。

胶州湾的泥沙主要来自于注入海湾的几条河流及沿岸侵蚀物质,沉积在海湾近岸后在海洋水动力作用下进行再分配,形成现代沉积。根据各河流水文站的观测资料和流域侵蚀模数计算,1979年以前,胶州湾的河流来沙为163万t/年,1980年以来由于水库拦沙,河流来沙量大大减少,目前每年仅有2.89万t/年。根据自然岸段侵蚀速率计算,胶州湾海岸侵蚀来沙为0.8万t/年,目前环胶州湾海滨岸线已基本全部人工硬化,海岸侵蚀速率大大降低,来沙量大不如前。此外,有一些城市垃圾排放到胶州湾内,参与海底沉积。

胶州湾水体较清,悬移质泥沙含量不超过50 mg/L,大多为10~25 mg/L,在湾内平面分布较均匀,由于目前海湾物质来源较少,悬移质泥沙主要来自于海底细颗粒沉积物的再悬浮,而后又在水动力弱区发生沉降,参与现代海湾的沉积过程。根据水动力环境分析,目前胶州湾表层0~2 m的粉砂淤泥质沉积是悬移质泥沙运动的结果。

2.7 胶州湾海岸带的气候、水文特征

2.7.1 气候

胶州湾沿岸气候属温带季风气候,具有春迟、夏凉、秋爽、冬长的气候特点。冬半年:11月至翌年4月,处于中纬度西风带东亚大槽控制之下。受冷空气和气旋活动的频繁侵袭常有大风降温天气出现。夏半年:5—10月,为北太平洋副热带高压的势力范围。4—7月南方来的暖湿气流常导致本区海雾连绵,7—8月为本区雨季,降水量占全年的一半以上。地形和海洋是造成本区局部气候差异的主要原因,东为崂山,北为平原,西为丘陵,南为黄海,在这种特定的条件下,风速和降水量由海向陆逐渐减小。

(1) 气温

平均气温。胶州湾沿岸的青岛站年平均气温12.3 ℃。月均温最高值出现在8月,为25.1 ℃。最低出现在1月,为-1 ℃。春季、夏季、秋季、冬季平均气温分别为10.2 ℃、23.0 ℃、15.4 ℃和-3.1 ℃。气温的年较差(月均温的年较差)为26.1 ℃。春夏季内地气温高于近海区,秋冬季内地气温低于近海区。2—8月气温逐月上升。3—7月升温较快,月平均增温达1 ℃以上。8月以后气温逐月下降,9—12月降温较快,月平均降温达

6.5 ℃。

最高气温、最低气温和极端气温。累年平均最高气温为15.9 ℃，累年平均最低气温为9.2 ℃。8月月均温最高，为28.5 ℃，1月月均温最低，为2.5 ℃，极端最高气温为36.2 ℃，出现在1939年7月31日。极端最低气温为-16.9 ℃，出现在1931年1月10日。

气温的日变化。一天中最高气温出现在中午至午后，最低气温出现在日出之前。平均气温日较差不大；全年平均为6.8 ℃，其中10月最大，达7.7 ℃，7月最小，仅为5.1 ℃。气温日较差内地比近海约大1 ℃。

界限温度和积温。日平均气温高于0 ℃的平均初日为2月25日，平均终日为12月17日，初终日数间隔平均为296天，平均积温为4549.4 ℃。日平均气温高于5 ℃的平均初日为3月25日，平均终日为11月25日，初终日数间隔平均为247天，平均积温为4351.7 ℃。日平均气温高于10 ℃的平均初日为4月17日，平均终日为11月8日，初终日数间隔平均为206天，平均积温为4023.3 ℃。日平均气温高于15 ℃的平均初日为5月15日，平均终日为10月16日，初终日数间隔平均为154天，平均积温为3326 ℃。

极值界限温度日数。胶州湾地区日最高气温高于30 ℃的天数，累年平均为12天，最多39天，最少2天，多出现在7月下旬至8月下旬。日最低气温低于-5 ℃的天数，累年平均约28天，最多为58天（1967—1968年度），最少为11天（1974—1975年度），多出现在12月中旬至2月下旬。日最低气温低于-10 ℃的天数很少，累年平均约3天，最多11天（1967—1968年），多出现在1月至2月上旬。

(2) 气压

胶州湾沿岸地区多年平均气压为1017.7 hPa。冬季气压高、夏季气压低，累年1月平均气压1027.5 hPa、最高气压1045.8 hPa（出现于1970年1月），7月平均气压1005.1 hPa、最低气压987.0 hPa（出现于1983年7月）。冬季，受蒙古冷性高压的影响气压高，其中1月气压最高。春季，冷高压北撤，黄淮气旋开始影响本区，气压不断下降，4月平均气压为1016.9 hPa。夏季，受低压系统控制，7月气压最低。秋季，蒙古高压不时南下、北退，气压开始升高。10月平均气压为1021.5 hPa。各月最高、最低气压出现趋势和月平均气压值基本一致。历年极端最高气压为1045.8 hPa（1970年1月），历年极端最低气压为987.0 hPa（1983年7月）（表2-7）。

2 胶州湾海岸带区域自然地理概况

表 2-7 胶州湾沿岸各月最高、最低气压

单位：hPa

月份	1	2	3	4	5	6	7	8	9	10	11	12	年
平均	1027.5	1026.3	1022.2	1016.9	1011.7	1007.7	1005.1	1007.6	1015.1	1021.5	1024.8	1025.9	1017.7
最高	1045.8	1041.7	1040.2	1035.4	1026.4	1009.8	1019.3	1020.7	1030.4	1034.2	1045.4	1044.4	1045.8
出现年份	1970	1987	1971	1972	1960	1981	1981	1960	1969	1970	1987	1981	1970
最低	1004.5	1004.0	999.5	992.9	994.2	988.8	987.0	989.9	988.0	1002.9	1007.0	992.1	987.0
出现年份	1960	1962	1966	1961	1973	1984	1983	1985	1961	1969	1965	1965	1983

注：表内数据为海平面气压，气压表海拔高度为6.8 m。

（3）风

风向及频率。胶州湾沿岸地区全年频率最高的风是东南风（SE向），其频率为12%；其次是北风（N向）和西北风（NNW向），频率均为11%；再次是东南风（EES和SSE向），其频率为9%；频率最低的风是东北风（EEN向）。胶州湾沿岸地区风向有明显的季节变化。春季盛行东南风（SE向），频率为16%；其次是东风（EES向），频率为16%。夏季也盛行东南风（SE向），频率为22%；其次是东风（EES向）、南风（SSE向），频率分别为16%、15%。秋季盛行北风（N向），频率为15%；其次是东北风（NNE向），频率为13%。冬季盛行西北风（NNW向），频率为19%；其次是北风（N向），频率为15%。从四季风向的变化情况看，春夏季基本一致，盛行东南风（SE向）；秋冬季基本一致，盛行西北风（NNW向）。风向的季节转换体现了明显的季风气候特征。

风速的季节变化。受温带季风气候影响，胶州湾沿岸地区风速有明显的季节变化，基本特征为冬季风速大、夏季风速小。一年中11月平均风速最大（6.4 m/s）；其次是12月、1月，平均风速分别为6.3 m/s、6.1 m/s。7月、8月平均风速最小，平均风速为4.7 m/s；其次是6月，平均风速为5.0 m/s。

极端最大风速。多年统计资料表明，胶州湾沿岸地区各月极端最大风速在21~38 m/s，出现的风向除8月、9月偏E向，7月、12月偏W向外，其余均为偏N向。

大风日数。瞬间大风≥17 m/s（≥8级）的大风日数11月最多，月平均为6天；其次为12月、1月，大风日数分别为4.8天、4.2天。7、

8月大风最少，平均日数为1.9天和1.3天。胶州湾地区年平均大风日数为39.5天，最多69天，最少22天。

（4）灾害性天气

胶州湾地区的主要灾害性天气有热带气旋、冰雹、雷暴、寒潮等。

热带气旋。1949—1987年，胶州湾地区发生了热带气旋53次，其中热带风暴4次、强热带风暴6次、台风43次，各占热带气旋总次数的7.5%、11.3%和81.1%。热带气旋发生次数最多的月份为8月，共发生热带气旋27次（包括热带风暴2次、强热带风暴5次、台风20次），占总次数的50.9%；其次是6月、7月、9月，分别发生1次、14次和11次，各占总次数的1.9%、26.4%和20.8%。热带气旋造成的灾害主要有暴雨、大风和风暴潮等。1939年8月22日至9月2日台风直接经过青岛，持续时间长、风力大，风速在20 m/s以上的时间长达25小时，8月30日23时NNE向风瞬时风速达40.3 m/s，台风期间降水持续了63小时，总降水量达130 mm；1985年8月19日9时，8509号台风在青岛市区ES向10级风最大平均风速为28 m/s，ES向12级风瞬时最大风速达35.6 m/s，20 m/s以上风速大风持续5小时，青岛市市区降水量达255.8 mm，行道树倒伏上万株，通信中断，部分港口防波堤和码头被台风引发的风暴潮破坏。

冰雹。1962—1989年的统计资料中，出现冰雹13次，年均0.5次。冰雹一般发生在4—7月、9—10月，其中6月较多。冰雹发生时间较集中，多出现在午后到傍晚气温高、天气闷热之时。上午和夜间出现较少，冰雹直径多在2～5 mm。冰雹的危害主要是造成农作物的减产。1962年7月20日，棘洪滩马戈庄冰雹受灾农田面积11 000亩，作物减产一至四成，毁坏房屋2666间。1989年5月8日16时30—46分、18时49—45分连续2场冰雹，冰雹最大直径14 mm，并伴有11级大风，两场冰雹在市区的降水量为34.5 mm，71万亩农田受损、12.5万亩小麦绝产，青岛市市区1000多人受伤，2名渔民失踪，直接经济损失达1.3亿元。

雷暴。多年观测资料表明，胶州湾沿岸地区年平均雷暴日数为23.1天，最多年份1964年为41天，最少年份1973年、1978年为11天。雷暴多发生在夏季，7、8月最多。雷暴常伴有暴雨、大风和雷击，可能严重破坏生产和通信设备。1962年8月23日，四方北山雷击导致避雨者4人死亡；1987年7月，青岛市供销社的水塔被雷电击毁，损失2万余元；1989年8月12日，黄岛油库因雷击起火，造成19人死亡，直接经济损失8500万元。

寒潮。根据国家气象局的寒潮等级标准，对黄海及黄海中、北部有影响，并产生6~8级以上偏北大风的天气过程作为统计标准。1951—1974年共发生寒潮72次，平均每年3次。寒潮主要发生在每年10月至翌年3月，最早出现在9月，最晚结束于4月（表2-8）。

表2-8　1951—1974年胶州湾地区寒潮次数统计

月份	10	11	12	1	2	3	4
平均次数	0.1	1.8	1.3	0.8	0.5	0.3	0.1
最多次数	1	4	4	3	2	1	1
最少次数	0	0	0	0	0	0	0

1987年11月月底的强寒潮，青岛市区24小时气温下降12.8℃，29日团岛最低气温-5.2℃，大白菜遭受严重冻害，造成严重经济损失。寒潮灾害发生时，降温还会伴随偏北大风。1960年12月18日，四方电厂因10级以上寒潮大风将送煤皮带刮断，造成全市停电21分钟，损失几十万元。

2.7.2　水文

（1）海洋水文

潮汐。胶州湾的潮汐类型很稳定，属规则半日潮。落潮时间较长，涨潮时间较短，二者相差1时10分左右。各测站统计结果相比，发现胶州湾的潮时自口门至湾顶有逐步推迟现象，自口门的团岛至湾顶附近的沧口水道大约推迟20分钟。湾顶红岛站的高潮比大港高，低潮则比大港低，自口门至湾顶最大潮差和平均潮差均有明显增大现象，最大潮差增大约40 cm，平均潮差增大约30 cm。外海潮差则相对偏低，小麦岛海洋站平均潮差较湾口黄岛站小37 cm（表2-9和表2-10）。

表2-9　胶州湾各测点潮汐特征值

潮位特征值	青岛港（多年）	红岛站（1个月）	黄岛（1个月）	小麦岛（1个月）
平均海平面/cm	242	261	258	242
最高高潮位/cm	551（1997年8月9日）	511	471	508

续表

潮位特征值	青岛港（多年）	红岛站（1个月）	黄岛（1个月）	小麦岛（1个月）
最低低潮位/cm	-70（1980年10月26日）	16	29	-45
平均高潮位/cm	381	415	396	362
平均低潮位/cm	102	105	118	119
平均潮差/cm	278	310	279	242
最大潮差/cm	475	468	422	416
起算面	大港零点	大港零点	大港零点	大港零点

资料来源：《国家重点公路青岛—红其拉甫线青岛高架路段水文测验专题报告》（国家海洋局第一海洋研究所，2003）。

表 2-10 胶州湾各测点潮时潮差值

测站	团岛	大港	黄岛	大石头	沧口水道	红岛	小麦岛
潮时/h	4.19	4.55	4.63	4.58	4.60	4.63	
平均潮差/cm	272	280	277	283	300	300	242
最大潮差/cm	461	475	470	480	508	508	416

资料来源：《国家重点公路青岛—红其拉甫线青岛高架路段水文测验专题报告》（国家海洋局第一海洋研究所，2003）。

潮流。潮流是与海水潮汐升降运动相对应的水平周期流动。与潮汐相应，胶州湾海区属规则半日潮流。总的特点是涨潮流速大于落潮流速，涨潮历时小于落潮历时，一般 1~2 小时，最大涨潮流速比最大落潮流速快 15 cm/s 以上（黄岛前湾水域）；最大涨落潮流大都出现在高潮前 2~3 小时和高潮后 2~3 小时。由于地形的狭缩与束窄，在平面分布上胶州湾湾口及其附近水域流速较大，实测最大流速位于内湾口附近的中砂礁东侧，最大涨潮流速超过 300 cm/s（《中国海湾志·第四分册》），向湾内和湾外流速降低，海湾中顶部 5 m 和 0 m 线之间实测最大涨潮流速西部为 76 cm/s，东部为 56 cm/s，湾外落潮流三角洲实测最大涨潮流速为 77 cm/s。在胶州湾口外，涨潮流由东岸进入胶州湾，落潮流由西向东流向外海。由于海湾开口朝向东南，与外海涨落潮方向有一定的夹角，特别是西南侧海岸，与涨潮流方

2 胶州湾海岸带区域自然地理概况

向基本垂直,导致湾口区涨落潮流方向变化较大,流路较为复杂。胶州湾内有6个余流环流系统,分别位于湾口、湾中部和湾顶。湾口由于束窄和转向,余流方向变化频繁,存在4个环流系统,且范围较小,强度较大,流速一般为40~55 cm/s;第Ⅴ环流系统位于团岛和沧口水道中南部,范围最大,余流流速较弱,一般不超过10 cm/s;第Ⅵ环流系统位于湾顶,为顺时针方向,范围最小,强度最弱,余流流速一般仅2~8 cm/s(图2-2)。这些环流系统的形成多受地形影响,控制着海水的流路。

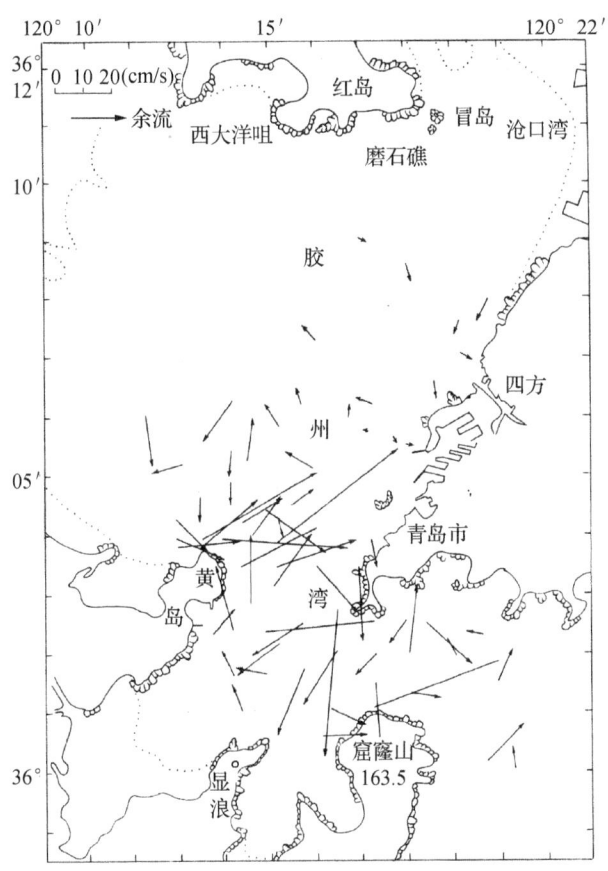

图 2-2　胶州湾余流(大潮,底层)

(资料来源:《胶州湾自然环境》)

波浪。胶州湾湾口外海域主要为以涌浪为主的混合浪(49.2%)和风浪(42.5%)。波浪的常浪向为东南向(SE向),出现频率为22.31%;其次为 EES 向和 SSE 向，出现频率分别为 13.5% 和 11.11%；该海域的强浪向亦为 SE 向，最大波高为 10 m（小麦岛海洋站的统计资料代表了胶州湾口外水域的波浪状况）。一般情况下，胶州湾湾口外海域波浪不大，整个海域以波高<1.5 m 的中小型波浪为主，年出现频率为 95.37%；只有当台风和大浪过境时才出现较大波浪（表 2-11）。胶州湾湾口宽约 3 km，外海偏东的波浪可以由外海传至湾内，但是由于水深和地形的影响，波高不断衰减，波向也产生了变化。位于黄岛东南的Ⅰ、Ⅱ测波点和位于显浪嘴的Ⅲ测波点 2 年的观测资料表明，在黄岛一带的湾口水域，常浪向为东南向（SE 向），出现频率为 17%～18%，强浪向为东北向（NE 向）；在显浪Ⅲ号波浪站常浪向为东北向（NE 向），强浪向为 NNE 向、NE 向、NW 向、NNW 向。海区以波高 0.5 m 以下的波浪为主，最大波高不超过 1.5 m，与外海相比，波浪强度显然有较大衰减（表 2-12）。由于胶州湾水域较封闭，湾内波浪主要由风形成，也就是说湾内的波浪主要是短风区的浅水风浪，其特点是有风就有浪，风停浪消；波高尺度较小，波浪的周期也比较小。国家海洋局第一海洋研究所曾在胶州湾东部沧口水道用"949"测波浮标进行波浪实地观测（1985 年 2 月 12 日至 3 月 9 日），表明即使是在寒潮过境大风过程，风速 14 m/s 的情况下，最大波高（$H_{1/10}$）仅为 1.07 m，平均周期 4.2 s，风向北，其余波高均不超过 1 m。因此，在胶州湾中北部，由于风区较短，水深较浅，难以形成 2 m 以上的风浪。并由此推知，胶州湾顶部地区波浪更小。

表 2-11 小麦岛各波向不同等级波浪的出现频率

波级	N	NNE	NE	ENE	E	ESE	SE	SSE	S	SSW	SW	WSW	W	WNW	NW	NNW
0≤H<0.1					0.05	0.03	0.09	0.04	0.03	0.03	0.02			0.02	0.03	0.01
0.10≤h<0.5	0.07	0.17	0.06	0.06	0.77	3.75	5.58	2.92	2.12	2.31	1.06	0.21	0.24	1.04	3.91	1.28
0.50≤H<1.5	0.01	0.11	0.09	0.18	3.47	8.83	14.92	7.48	4.80	4.52	2.03	0.17	0.13	0.50	0.99	0.31
1.50≤H<3.0					0.02	0.42	1.54	0.66	0.28	0.39	0.22					
3.00≤H<5.0						0.01	0.06	0.17	0.01		0.01					
5.00≤H<7.5							0.01									
合计	0.08	0.28	0.15	0.26	4.72	13.50	22.31	11.27	7.23	7.26	3.33	0.38	0.37	1.56	4.93	1.60

资料来源：《青岛港外航道扩建可行性研究报告》。

2 胶州湾海岸带区域自然地理概况

表2-12 胶州湾内年不同波高的波浪出现天数和出现频率

各波高波浪年出现天数和出现频率	0≤H<0.5		0.5≤H<1.5		H≥1.5	
	年出现天数/天	年出现频率	年出现天数/天	年出现频率	年出现天数/天	年出现频率
黄岛Ⅰ	277	80.5%	66	19.2%	1	0.3%
黄岛Ⅱ	264	78.8%	70	21.0%	1	0.3%
黄岛Ⅲ	305	85.7%	50	14.0%	1	0.3%
小麦岛	175	47.8%	174	47.5%	17	4.6%

资料来源：《胶州湾自然环境》。

水色和透明度。1980年6月至1981年11月对胶州湾的水色、透明度进行调查表明：胶州湾水体的水色大致在5~18号，透明度在0.5~6 m。总体上，全湾夏季水色深、透明度大，冬季水色浅、透明度小。胶州湾的水色、透明度空间分布具有较强的规律性，且全年几乎保持不变，等水色线、等透明度线分布大致与等深线平行，近岸水色浅、透明度小，中部和湾口水色深、透明度大。

海冰。一般年份，胶州湾的海冰冰期短、海冰分布范围小，对航运及生产没有影响。通常12月中上旬开始结冰，次年2月中下旬海冰消失，冰期2~2.5个月，1月下旬至2月上旬为盛冰期。盛冰期固定冰的厚度在北部沿岸15~25 cm，南部沿岸10~20 cm。一般年份12月下旬在胶州湾北部出现浮冰，初期以出生冰、饼状冰为主。重冰期以冰皮和板冰为主。一般年份浮冰外缘线大致与5 m等深线一致，重冰年与10 m等深线一致。特重年份，胶州湾90%海面被海冰覆盖，只有湾口部分水域没有封冻。1917—1969年，胶州湾冰情较重年份有12次：1917—1918、1919—1920、1926—1927、1929—1930、1932—1933、1933—1934、1944—1945、1946—1947、1962—1963、1963—1964、1967—1968、1976—1977；特重年份有4次：1916—1917、1935—1936、1956—1957、1968—1969。平均4年多出现一次较重或特重冰情。在冰情较重年份，中小型船航行困难，特重冰情年份重冰期时，大型船出入胶州湾也较困难。1957年，黄岛14艘帆船受海冰影响失踪，台西渔业社240亩海带受海冰破坏，损失10万多元；1963年2月，薛家岛北屯海带养殖场的海带架全部受海冰影响失踪；1971年2月，海军5号码头外海带养殖场海带架全部受海冰影响损毁，损失3万余元。

极端水文情况。台风和寒潮是青岛地区两大灾害天气，可使胶州湾海域产生大浪和风暴增减水，形成风暴潮。自 1898 年有风暴记录以来，对青岛海区影响较大的台风有 100 多次，1949—1992 年青岛地区较大的增水过程有 7 次（增水大于 100 cm），与天文高潮相遇使水位暴涨；台风期间产生的最大波浪高达 10.0 m（表 2-13）。极端的高潮和波浪状况对海湾海底和海岸地貌的发育均有较大影响。

表 2-13 胶州湾海域的台风过程大浪极值

	1956年	1960年	1962年	1964年	1965年	1967年	1973年	1974年	1978年	1980年	1981年	1982年	1985年
日期	8月3日	7月28日	7月25日	8月1日	7月28日	7月28日	7月19日	7月29日	7月31日	7月25日	9月1日	8月31日	8月19日
波向	SE	ESE	SE	SE	SE	SE	SE	SE	SE	SE	ESE	SE	ESE
$H_{1/10}$/m	7.0	4.5	3.2	2.6	2.5	2.8	3.6	2.3	3.5	2.5	3.7	5.1	8.0
H_{max}/m	7.8		4.3	3.6	3.2	4.1	5.0	2.9	4.5	3.2	4.5	6.8	10.0
T/s	9.2	8.4	5.5	6.2	6.1	7.7	9.8	7.0	8.4	5.6	7.6	10.6	7.9

资料来源：《青岛港外航道扩建可行性研究报告》。

（2）陆地水文

注入胶州湾的十几条河流均为源近流短的小河，多数河流没有水文站。1979 年前后几条主要河流的输沙量因水库建设等因素发生了巨大的变化，输沙量明显减少（表 2-14）。

表 2-14 胶州湾入海河流的年均输沙量及变化

河流	1979 年以前的年均输沙量/（万 t/年）	1980—1989 年的年均输沙量/（万 t/年）
洋河	25.85（1958—1965 年）	
南胶莱河	27.36（1952—1965 年）	0.687
大沽河	95.92（1952—1979 年）	0.315
墨水河	4.76（1972—1979 年）	0.587
白沙河	0.51（1960—1979 年）	0.126
李村河	2.94（1976 年，1978 年，1979 年）	1.110
总计	157.34	2.825

2.8 胶州湾海岸带的土壤

胶州湾及沿岸地区的气候是深受海洋影响的暖温带季风气候，地带性植被是落叶阔叶林，对应的土壤为棕壤。其他土壤还有褐土、砂浆黑土、潮土、盐土、山地灌丛草甸土、山地暗棕壤等。棕壤是胶州湾沿岸地区的地带性土壤，广泛分布于胶州湾沿岸的山地丘陵区，盐土主要是滨海盐土亚类，环胶州湾的淤泥质海岸带，尤其是入海河流的河口三角洲地带滨海盐土发育较好。

2.8.1 棕壤

胶州湾沿岸地区的棕壤土类包括普通棕壤、酸性棕壤、潮棕壤、白浆化棕壤、棕壤性土5个亚类。

普通棕壤，土层较厚，多1.5 m左右，成土母质为酸性岩、基性岩风化形成的坡积物、洪积物，土壤颜色以棕色为主，质地多为砂质或中壤质，呈微酸性反应，盐基饱和度较高，一般剖面发育明显，土体剖面构型为A—B—C型（A淋溶层、B淀积层、C母质层），有酸性岩坡、洪积棕壤和基性岩坡、洪积棕壤2个土属。

酸性棕壤，主要分布于崂山山地上部黑风口、靛缸湾和下清宫等地阴坡林地，分布面积极小，高度盐基不饱和、无灰化特征，成土母质主要是花岗岩残积物、坡积物，土体剖面构型为A_0—A—C型（A_0为枯枝落叶层），土体中含量较高，物理性黏粒含量较高。

潮棕壤，根据成土母质类型的不同，潮棕壤分为洪、冲积作用形成的酸性潮棕壤和潮棕壤2个土属，土体剖面构型为A—B—BC型，养分含量较高。

白浆化棕壤，属侧渗型白浆化棕壤土属，多零星分布于沿海山地丘陵中下部，成土母质为酸性花岗岩残坡积物，剖面具有上轻下黏的特点，由于坡度较大，土壤水分侧渗较显著，无铁锰结核，土壤酸性、盐基饱和度较低。

棕壤性土，成土母质以酸性岩风化物为主，少数为基性岩和非石灰性砂页岩风化物，含酸性岩残、坡积棕壤性土，基性岩残、坡积棕壤性土，非石灰性砂页岩残坡积棕壤性土，砾岩残坡积棕壤性土4个土属，土壤发育程度较低、肥力较低，土体构型为A—C型或A—AC—C型。

2.8.2 褐土

胶州湾沿岸地区的褐土土类分褐土、淋溶褐土、褐土性土3个亚类，据海岸较远。

褐土亚类只含钙质岩坡洪积褐土1个土属，土体构型为A—B—BC型，耕作层（A）浅褐色、轻壤质，有微弱石灰反应，阳离子代换量较高，心土层（B）淋溶淀积明显，石灰反应强烈，底土层（BC）较厚，暗褐色，有假菌丝体，石灰反应较强烈。

淋溶褐土只含钙质岩坡洪积淋溶褐土1个土属，土体构型为A—B—BC型，肥力水平中等，耕作层（A）有微弱石灰反应，心土层（B）淋溶淀积明显，石灰反应强烈，底土层（BC）有假菌丝体和胶膜，碳酸钙含量高。

褐土性土只含钙质岩坡洪积褐土性土1个土属，土体构型为A—C型，耕作层含砾石较多，石灰反应中等，因利用方式不同土壤养分差异含量较大。

2.8.3 砂姜黑土

只含砂姜黑土1个亚类，黑土裸露砂姜黑土和黄土覆盖砂姜黑土2个土属，土体剖面可分为耕作层、残余黑土层、脱潜育化层、砂姜层，全剖面质地适中，黑土层多呈中性反应。

2.8.4 潮土

潮土主要分布于沿河平地和河漫滩，根据形成特点、母质特性和耕作熟化程度分潮土、湿潮土、盐化潮土3个亚类。潮土亚类剖面发育层次不明显、质地较粗，砂质或砂壤质质地，根据成土母质分非石灰性砂质河潮土、非石灰性壤质河潮土、砂质河潮土和壤质河潮土4个土属；湿潮土亚类是在较长期积水或较高位潜水条件下形成的土壤，只含壤质冲积湿潮土1个土属，质地黏重，潜育化明显；盐化潮土亚类是附加盐渍化的潮土土类中的一个亚类，根据成土母质和盐分含量分为砂质滨海氯化物盐化潮土、壤质滨海氯化物盐化潮土2个土属。

2.8.5 盐土

盐土土类成土母质为海相沉积物，常受海潮侵袭，仅含滨海潮盐土一个

2 胶州湾海岸带区域自然地理概况

亚类,滨海氯化物潮盐土、滨海氯化物滩地盐土2个土属。滨海氯化物潮盐土表层土壤含盐量高,自然植被建群种主要有碱茅、芦苇、獐毛、盐地碱蓬、碱蓬、柽柳等;滨海氯化物滩地盐土春、秋季返盐季节表层有盐结皮。

胶州湾海岸带发育的土壤以滨海盐土为主。滨海盐土的成土母质为海相沉积物或者河流入海的淤积物。滨海盐土分布区地下水埋深一般在0.5~2 m,地下水的矿化度可达10~30 g/L,水化学组成以卤化钠为主。滨海盐土不仅表层积盐重,心土层含盐量也很高。1 m厚土层内含盐量多在0.4%以上,高者可达20%。地下水和土壤的pH值在7.5~8.5。滨海盐土呈盐基饱和状态,一般没有明显的发生层次。有时在胶州湾海岸带分布的滨海盐土表面见结皮层,呈龟裂卷曲状,颜色灰白至灰黑。

胶州湾沿岸滨海盐土分布区的植被类型与土壤的含盐量密切相关。盐地碱蓬群落分布区的滨海盐土表层含盐量最高,盐角草群落、碱蓬群落分布区的滨海盐土表层含盐量较低,芦苇群落、獐毛群落、节节草群落分布区的滨海盐土表层含盐量最低。

参考文献

[1] 青岛市史志办公室. 青岛市志:自然地理志/气象志 [M]. 北京:新华出版社,1997.
[2] 中国海湾志编纂委员会. 中国海湾志:第四分册 [M]. 北京:海洋出版社,1993.

3 胶州湾滨海湿地及水禽保护

3.1 胶州湾海域和潮间带滩涂湿地的生物

3.1.1 潮下带海域和潮间带滩涂湿地的浮游植物

胶州湾潮下带湿地海水中的浮游植物（即单细胞浮游藻类）种类繁多，驻青岛的海洋管理部门、海洋研究机构和中国海洋大学等高校曾对胶州湾近海海水中的浮游植物进行过多次调查。其中，2003年李艳等对胶州湾浮游植物的调查鉴定出浮游植物163种，包括硅藻48属142种（包括变种），甲藻8属20种，金藻1属1种。从生态类型构成来看，浮游植物中种类和细胞数量占优势的主要是广布种和暖温带种，如广布性种类的中肋骨条藻（*Skeletonema costatum*）、扁面角毛藻（*Chaetoceros compressus*）、柔弱角毛藻（*Chaetoceros debilis*）、星脐圆筛藻（*Coscinodiscus asteromphalus*）、尖刺伪菱形藻（*Pseudonitzschia pungens*）、丹麦细柱藻（*Leptocylindrus danicus*）等，近岸广温性种类的冰河拟星杆藻（*Asterionellopsis glacialis*）、洛氏角毛藻（*Chaetoceros lorenzianus*）、派格棍形藻（*Bacillaria paxillifera*）等，其他包括暖温带种的窄隙角毛藻（*Chaetocero affinis*）、泰晤式旋鞘藻（*Helicotheca tamesis*）、中华半管藻（*Hemiaulus sinensis*）等，外洋广温性种有密连角毛藻（*Chaetoceros densus*）、并基角毛藻（*Chaetoceros decipiens*）等。此外，还有暖水性种，如太阳漂流藻（*Planktoniella sol*）、菱软几内亚藻（*Guinardia flaccida*）等。而青岛海洋大学钱树本等1977年2月至1978年1月的调查表明，胶州湾海水中有浮游藻类53属175种、3变种和6型。历次调查均表明，胶州湾潮下带湿地海水中（低潮时水深<6 m的近海水域）的浮游植物以硅藻和甲藻为主，尤其以硅藻占绝大多数。

3.1.2 潮下带海域和潮间带滩涂湿地的浮游动物

胶州湾近岸海水中浮游动物的生态类群包括近岸低盐种、外海高盐种、广温广盐种、热带暖水种4类，以近岸低盐种为主。孙松等在2004年对胶州湾进行了1年的浮游动物调查，调查共鉴定出浮游动物5门6纲17目44科54属81种，其中，节肢动物门37种，腔肠动物门31种。浮游动物优势种有双刺纺锤水蚤（*Acartia bifilosa*）、小拟哲水蚤（*Paracalanus parvus*）、太平洋纺锤水蚤（*Acartia pacifica*）、中华哲水蚤（*Calanus sinicus*）、拟长腹剑水蚤（*Oithona similis*）、短角长腹剑水蚤（*O. brevicornis*）、近缘大眼剑水蚤（*Corycaeus affinis*）、异体住囊虫（*Oikopleura dioica*）、强壮箭虫（*Sagitta crassa*）、八斑芮氏水母（*Rathkea octopunctata*）、小介穗水母（*Podocoryne minima*）等。而1977年2月至1978年1月青岛海洋大学黄世玫对胶州湾浮游动物的调查结果为，胶州湾海水中有浮游动物8门12纲27目64科66属116种。

3.1.3 潮下带海域和潮间带滩涂湿地的底栖生物

中国科学院海洋研究所于海燕等1998年2月至2001年11月的调查表明，胶州湾内有底栖动物322种，其中，多毛类44科133种（占41.3%），甲壳动物42科92种（占28.6%），软体动物37科59种（占18.3%），棘皮动物14种（占4.3%），鱼类9种（占2.8%），其他类群15种（占4.7%）。调查中的优势种有50种，其中，多毛类最多，有23种，甲壳动物13种，软体动物13种，头索动物1种，菲律宾蛤仔（*Ruditapes philippinarum*）为主要优势种。于海燕等调查的底栖动物总种数比1991年的调查显著增加，与1980年调查结果基本持平。胶州湾底栖动物在生态类群组成上以温带种和广温广布种为主，兼有少数的热带—亚热带种，这在多毛类上表现得尤为突出。

3.1.4 潮下带海域和潮间带滩涂的游泳生物

根据中国海洋大学曾晓起等2003年10月至2004年5月的调查，胶州湾及邻近海域有鱼类33科58种，软骨鱼类有鳐科的美鳐（*Raja pulchra*）、华鳐（*R. kenojei*）、斑鳐（*R. chinensis*）和虹科的光虹（*Dasyatis laerigatus*）4种，硬骨鱼类共31科54种，其中，鲈形目鱼类最多，共12科24种。据

20世纪80年代调查显示,胶州湾内有113种鱼类。此外,胶州湾近岸海水中还有日本枪乌贼(*Loligo japonica*)、金乌贼(*Sepia esculenta*)、双喙耳乌贼(*Sepiola birostrata*)、长蛸(*Octopus variabilis*)、短蛸(*O. ocellatus*)5种头足类海洋游泳生物。

3.2 胶州湾滨海湿地植被及保护

3.2.1 胶州湾滨海湿地的类型

胶州湾沿岸现存海岸湿地约 50 000 hm^2,主要分布在胶州湾的北部、西北部沿岸。参考《Ramsar 湿地公约》的湿地类型划分方案、《中国湿地调查纲要》及国内有关海岸湿地分类的研究成果,根据湿地陆—海作用的相对强度、地貌部位及受人类活动影响的程度,将胶州湾沿岸湿地划分为湿地类和湿地型 2 级,分为潮下带滩涂湿地、潮间带滩涂湿地、潮上带湿地、河流与河口湿地和人工湿地 5 个湿地类,浅海及海湾、潮间带滩涂湿地、砾石海岸湿地、砂砾质海岸湿地、砂质海岸湿地、河口湾和河口三角洲湿地、永久性河流、季节性河流、水库和塘坝、虾蟹池、盐田 11 个湿地型(图 3-1)。

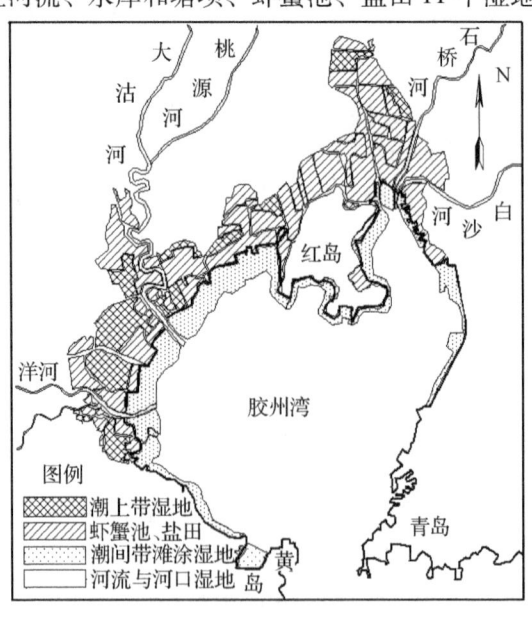

图 3-1 胶州湾海岸湿地的类型与分布

3.2.2 胶州湾海岸湿地的植被类型

植被是指一个地区覆盖地面的所有植物群落的总称，滨海湿地植被是主要由盐生植物、水生植物、湿生植物和沙生植物为群落建群种构成的非地带性植被。胶州湾海岸湿地的自然植被起源于北极第三纪植物区系，属于泛北极植物区，中国—日本森林植物亚区，温带地区华北植物省。根据调查，胶州湾沿岸的自然湿地植被分4个主要湿地植被型，15个主要湿地植物群落（表3-1）。

表3-1 胶州湾海岸湿地植被类型划分

湿地植被型	湿地植物群落
1. 盐生湿地植被	（1）盐地碱蓬群落 Form. *Suaeda salsa* （2）盐角草群落 Form. *Salicornia europaea* （3）盐地碱蓬—芦苇群落 Form. *Suaeda salsa-Phragmites communis* （4）白茅群落 Form. *Imperata cylindrica* （5）结缕草群落 Form. *Zoysia japonica* （6）罗布麻群落 Form. *Apocynum venetum* （7）獐毛群落 Form. *Aeluropus littoralis* （8）砂钻苔草群落 Form. *Carex kobomugi*
2. 沙生湿地植被	（9）砂引草+珊瑚菜群落 Form. *Messerschmidia-Glehnia littoralis* （10）单叶蔓荆群落 Form. *Vitex trifolia* （11）芦苇群落 Form. *Phragmites communis*
3. 湿生湿地植被	（12）香蒲群落 Form. *Typha orientalis* （13）浮萍群落 Form. *Lemna minor*
4. 水生湿地植被	（14）金鱼藻+狐尾藻+菹草群落 Form. *Ceratophyllum demersun-Myriophyllum spicatum-Potamogeton crispus* （15）慈姑群落 Form. *Sagittaria sagittifolia*

3.2.3 胶州湾海岸湿地植物的区系构成

根据实地调查及文献资料记载，胶州湾海岸湿地中作为建群种、优势种和主要伴生种的维管束植物以草本种子植物为主，共有35科61属75种（表3-2）。其中，包括蕨类植物3科3属3种，种子植物32科58属72种

表 3-2 胶州湾海岸湿地维管束植物名录

门/纲	科	属	种
I. 蕨类植物门 Pteridophyta	（一）苹科 Marsileaceae	1. 苹属 Marsilea L.	（1）苹 Marsilea quadrifolia L.
	（二）槐叶苹科 Salviniaceae	2. 槐叶苹属 Salvinia Adans	（2）槐叶苹 Salvinia natans（L.）All.
	（三）满江红科 Azollaceae	3. 满江红属 Azolla Lam.	（3）满江红 Azolla imbricate（Roxb.）Nakai
II. 被子植物门 Angiospermae 一、双子叶植物纲 Dicotyledoneae	（一）蓼科 Polygonaceae	1. 蓼属 Polygonum L.	（1）两栖蓼 Polygonum amphibium L. （2）丛枝蓼 P. casepitosum Hamilt. et D. Don （3）戟叶蓼 P. thunbergii Sieb. et Zucc. （4）水蓼 P. hydropiper L. （5）扁蓄 P. aviculare L.
	（二）藜科 Chenopodiaceae	2. 滨藜属 Atriplex L.	（6）滨藜 Atriplex patens （7）中亚滨藜 A. centralasiatica Iljin （8）西伯利亚滨藜 A. sibirica
		3. 藜属 Chenopodium L.	（9）藜 Chenopodium album L. （10）灰绿藜 C. glaucum L. （11）市藜 C. urbicum
		4. 碱蓬属 Suaeda Forsk. ex Scop.	（12）碱蓬 Suaeda glauca（Bge.）Bge. （13）盐地碱蓬 S. salsa（L.）Pall.
		5. 盐角草属 Salicornia L.	（14）盐角草 Salicornia europaea L.

续表

门/纲	科	属	种
II. 被子植物门 Angiospermae 一、双子叶植物纲 Dicotyledoneae	(二) 藜科 Chenopodiaceae	6. 猪毛菜属 Salsola L.	(15) 猪毛菜 Salsola collina Pall.
			(16) 无翅猪毛菜 S. komarovii Iljin
		7. 虫实属 Corispermum L.	(17) 软毛虫实 Corispermum puberulum
	(三) 菊科 Compositae	8. 蒿属 Artemisia L.	(18) 茵陈蒿 Artemisia capillaries Thunb.
		9. 苍耳属 Xanthium L.	(19) 苍耳 Xanthium sibiricum Patrin.
		10. 碱菀属 Tripolium Nees	(20) 碱菀 Tripolium vulgare Nees
		11. 鬼针草属 Bidens L.	(21) 鬼针草 Bidens bipinnata L.
		12. 苦荬菜属 Lxeris Cass.	(22) 匍匐苦荬菜 Lxeris repeus L. A. Gray
	(四) 豆科 Leguminosae	13. 香豌豆属 Lathyrus	(23) 海边香豌豆 Lathyrus maritimes (L.) Bigel
		14. 胡枝子属 Lespedeza Michx	(24) 达胡里胡枝子 Lespedeza daurica
		15. 草木樨属 Melilotus Mill.	(25) 草木樨 Melilotus suaveolens Ledeb.
	(五) 睡莲科 Nymphaceae	16. 莲属 Nelumbo Adans.	(26) 莲 Nelumbo nucifera Gaertn.
		17. 睡莲属 Nymphaea L.	(27) 睡莲 Nymphaea fefragona Georgi
		18. 芡属 Eruyale Salisb. ex DC.	(28) 芡实 Eruyale ferox Salish.
	(六) 金鱼藻科 Ceratophyllaceae	19. 金鱼藻属 Ceratophyllum L	(29) 金鱼藻 Ceratophyllum demersun L.
	(七) 菱科 Trapaceae	20. 菱属 Trapa L.	(30) 细果野菱 Trapa maximowiczii Korsh

续表

门/纲		科	属	种
II. 被子植物门 Angiospermae	一、双子叶植物纲 Dicotyledoneae	（八）柳叶菜科 Onagraceae	21. 丁香蓼属 *Ludwigia* L.	（31）丁香蓼 *Ludwigia prostrata* Roxb.
		（九）毛茛科 Ranunculaceae	22. 毛茛属 *Ranunculus* L.	（32）毛茛 *Ranunculus japonicaus* Thunb.
		（十）柽柳科 Tamaricaceae	23. 柽柳属 *Tamarix* L.	（33）柽柳 *Tamarix chinensis* Lour.
		（十一）马鞭草科 Verbenaceae	24. 牡荆属 *Vitex* L.	（34）单叶蔓荆 *Vitex trifolia* var. *simplicifolia* Cham.
		（十二）白花丹科 Plumbaginaceae	25. 补血草属 *Limonium* Mill.	（35）中华补血草 *Limonium sinensi*
		（十三）龙胆科 Gentianaceae	26. 荇菜属 *Nymphoides* Squier	（36）荇菜 *Nymphoides peltatum* (Gmel.) O. Ktze.
		（十四）夹竹桃科 Apocynaceae	27. 罗布麻属 *Apocynum* L.	（37）罗布麻 *Apocynum venetum* L.
		（十五）旋花科 Convolvulaceae	28. 打碗花属 *Calystegia* R. Br.	（38）肾叶打碗花 *Calystegia solidanella* (L.) R. Br.
		（十六）紫草科 Boraginaceae	29. 砂引草属 *Messerschmidia* L.	（39）砂引草 *Messerschmidia sibirica* (L.) L. Mant.
		（十七）十字花科 Cruciferae	30. 独行菜属 *Lepidium* L.	（40）独行菜 *Lepidium apetalum* Willd.
		（十八）小二仙草科 Haloragidaceae	31. 狐尾藻属 *Myriophyllum* L.	（41）狐尾藻 *Myriophyllum spicatum* L.
				（42）轮叶狐尾藻 *M. vesticilatum* L.
		（十九）伞形科 Umbelliferae	32. 珊瑚菜属 *Glehnia* F. Schmidt ex Miq.	（43）珊瑚菜 *Glehnia littoralis* F. Schmidt ex Miq.

续表

门/纲		科	属	种
II. 被子植物门 Angiospermae	一、双子叶植物纲 Dicotyledoneae	(二十) 茄科 Solanaceae	33. 枸杞属 Lycium L.	(44) 枸杞 Lycium Chinense Mill.
		(二十一) 蒺藜科 Zygophyllaceae	34. 蒺藜属 Tribulus L.	(45) 蒺藜 Tribulus terrestris L.
			35. 白刺属 Nitraria L.	(46) 白刺 Nitraria sibirica Pall.
	二、单子叶植物纲 Monocotyledoneae	(一) 香蒲科 Typhaceae	1. 香蒲属 Typha L.	(1) 香蒲 Typha orientalis Presl.
				(2) 水烛 T. angustifolia L.
		(二) 眼子菜科 Potamogetonaceae	2. 眼子菜属 Potamogeton L.	(3) 竹叶眼子菜 Potamogeton malaianus Miq
				(4) 微齿眼子菜 P. maackinus A. Bennett
				(5) 菹草 P. crispus L.
		(三) 茨藻科 Najadaceae	3. 茨藻属 Najas L.	(6) 大茨藻 Najas marina L.
		(四) 泽泻科 Alismataceae	4. 慈姑属 Sagittaria L.	(7) 慈姑 Sagittaria sagittifolia L.
		(五) 水鳖科 Hydrocharitaceae	5. 水鳖属 Hydrocharis L.	(8) 水鳖 Hydrocharis dubia (Bl.) Backer
		(六) 浮萍科 Lemnaceae	6. 紫萍属 Spirodela Schleid.	(9) 紫萍 Spirodela polyrhiza (L.) Schleid.
			7. 浮萍属 Lemna L.	(10) 浮萍 Lemna minor L.
		(七) 雨久花科 Pontederiaceae	8. 雨久花属 Monochoria Presl	(11) 雨久花 Monochoria korsakowii Regel et Maack
		(八) 灯芯草科 Juncaceae	9. 灯芯草属 Juncus L.	(12) 灯芯草 Juncus effusus L.
		(九) 禾本科 Gramineae	10. 獐毛属 Aeluropus Trin.	(13) 獐毛 Aeluropus littoralis (Gouan) Parl. var. sinensis Debeanx

续表

门/纲	科	属	种
II. 被子植物门 Angiospermae 二、单子叶植物纲 Monocotyledoneae	(九) 禾本科 Gramineae	11. 芦苇属 Phragmites Trin.	(14) 芦苇 Phragmites communis Trin.
		12. 大米草属 Spartina Schreb.	(15) 大米草 Spartina anglica C. E. Hubb.
		13. 赖草属 Leymus Hochst	(16) 滨麦 Leymus mollis (Trin.) Hera
		14. 鹬草属 Phalaris L.	(17) 鹬草 Phalaris arundinacea L.
		15. 结缕草属 Zoysia Willd.	(18) 结缕草 Zoysia japonica Steud.
		16. 求米草属 Oplismenus	(19) 求米草 Oplismenus undulatifolius (Ard.) Beauv.
		17. 白茅属 Imperata Cyr.	(20) 白茅 Imperata cylindrica (L.) Beauv. var. major (Nees) C. B. Hubb.
		18. 鸭嘴草属 Ischaemum L.	(21) 鸭嘴草 Ischaemum aristatum L. var. glaucum (Honda) T. Koyama
		19. 束尾草属 Phacelurus	(22) 束尾草 Phacelurus latifolius
		20. 荩草属 Arthraxon Beauv.	(23) 荩草 Arthraxon hispidus (Thunb.) Makino
	(十) 莎草科 Cyperaceae	21. 藨草属 Scirpus L.	(24) 藨草 Scirpus triqueter L.
		22. 苔草属 Carex L.	(25) 砂钻苔草 Carex kobomugi Ohwi
	(十一) 天南星科 Araceae	23. 菖蒲属 Acorus L.	(26) 菖蒲 Acorus calamus L.

3 胶州湾滨海湿地及水禽保护

（单子叶植物 11 科 23 属 26 种，双子叶植物 21 科 35 属 46 种）。建群种主要包括河口和三角洲湿地的芦苇（*Phragmties communis*）、香蒲（*Typha orientalis*），潮上带湿地中咸水沼泽的盐地碱蓬（*Suaeda heterobtera*）、碱蓬（*Suaeda glauca*）、盐角草（*Salicornia europaea*）、大米草（*Spartina anglica*）等，微咸水沼泽的结缕草（*Zoysia japonica*）、白茅（*Imperata cylindrica*）、獐毛（*Aeluropus littoralis* var. *sinensis*）、柽柳（*Tamarix chinensis*）等。

胶州湾海岸湿地维管束植物区系中，含 5 种以上维管束植物的科有禾本科（Gramineae）和藜科（Chenopodiaceae），占总科数的 5.7%，2 科共有 17 属 23 种，分别占总属数的 27.9% 和总种数的 30.7%；含 3~5 种的科有 5 个，即蓼科（Polygonaceae）、菊科（Composistae）、豆科（Leguminosae）、眼子菜科（Potamogetonaceae）、睡莲科（Nymphaceae），占总科数的 14.3%，这 5 个科共 13 属 19 种，分别占总属数和总种数的 21.3%、25.3%。含 1~2 种的科较多，共 28 个，占总科数的 80.0%，这 28 科共包含 31 属 33 种，分别占总属数和总种数的 50.8%、44.0%（表3-3）。可见，含 3 种及 3 种以上的 7 个较大科的种子植物占胶州湾海岸湿地维管束植物总种数的 56.0%，构成了胶州湾海岸湿地维管束植物区系的主体。

表3-3 较大科的组成统计（种数在 3 种以上的科）

科	属数	占总属数的比例	种数	占总种数的比例
禾本科 Gramineae	11	19.3%	11	14.7%
藜科 Chenopodiaceae	6	9.8%	12	16.0%
蓼科 Polygonaceac	1	1.6%	5	6.7%
菊科 Compositae	5	8.2%	5	6.7%
豆科 Leguminosae	3	4.9%	3	4.0%
眼子菜科 Potamogetonaceae	1	1.6%	3	4.0%
睡莲科 Nymphaceae	3	4.9%	3	4.0%

胶州湾海岸湿地维管束植物区系较大的 8 个属（表3-4）种数都在 5 种以下，其中，蓼属 5 种，是种数最多的属，含 3 个种的属有 3 个，含 2 个种的属有 4 个。这 8 个较大的属总种数为 22 种，属、种数分别占总属数和总种数的 13.1%、29.3%。其他 53 个属为单种属，单种属的属数、种数分别占总属数和总种数的 86.9%、70.7%。

表 3-4　较大属的组成统计

属	种数	属	种数
蓼属 Polygonum	5	碱蓬属 Suaeda	2
滨藜属 Atriplex	3	猪毛菜属 Salsola	2
藜属 Chenopodium	3	香蒲属 Typha	2
眼子菜属 Potamogeton	3	狐尾藻属 Myriophyllum	2

3.2.4　胶州湾海岸湿地维管束植物的生态类群

3.2.4.1　适应不同生境的湿地植物生态类群

（1）盐生植物

盐生植物是能在滨海湿地含盐量很高（1.5%~2%）的盐土里生长，具有独特形态特征和生理特征的植物。在形态方面常表现为植物体干而硬，叶面积小，叶面上气孔下陷，以降低蒸腾作用适应盐土的生理性干旱。有些盐生植物表皮具有很厚的外壁和灰白色的绒毛。在生理特征方面，湿地盐生植物的内部结构特殊，体内细胞间隙很小，栅栏组织发达。有一些盐生植物具有肉质性枝叶，叶肉中有特殊的储水细胞，储水细胞的大小还能随着叶子年龄和植物体内盐分的绝对含量增加而增大，使同化细胞不至于受到高浓度盐分的伤害。

根据对盐土的适应特征不同，胶州湾海岸湿地盐生植物可分为聚盐植物、泌盐植物和避盐植物3类。

聚盐植物（真盐性植物）的细胞液浓度特别高并有极高的渗透压，特别是根部细胞。由于细胞液的渗透压高于盐土溶液的渗透压，所以聚盐植物能在盐土中生长吸收高浓度土壤溶液中的水分，吸收大量土壤中可溶性盐类储存在体内而不受到伤害，如碱蓬、盐角草等。一般来说，聚盐植物生长较慢，生产力较低。泌盐植物的根细胞对盐分的透过性也很大，但它们吸收的盐分并不积累在体内，而是通过茎、叶表面密布的盐腺（分泌腺）把过多的盐分排出体外。排出在茎、叶表面的 NaCl 和 Na_2SO_4 形成的结晶和硬壳，会逐渐被风吹或雨淋掉。泌盐植物虽然在盐土中能够生长，但在非盐化土壤中生长得更好，所以泌盐性植物也称耐盐植物，如柽柳、中华补血草（Limonium sinensis）等。避盐植物的根细胞对盐类的透过性非常小，所以它们虽然生长在土壤溶液浓度很高的盐土中，但几乎不吸收或很少吸收土壤中的盐类。避盐植物根细胞的渗透压也很高，但细胞的高渗透压不是因为细胞液中盐分含量高，而是因为细胞液中含有较多的可溶性有机物质，如有机酸、糖类、氨基酸等。细胞的高渗透压提高了根系从盐土中吸收水分的能力，所以这类植物也常被称为抗盐植物，如蒿属（Artemisia spp.）、獐毛、碱菀（Tripolium vulgare）等。

（2）水生植物

水生植物是典型的湿地植物。水生植物是能在含氧量低、光线弱的水体环境中正常生活的植物。水生植物的定义很多，目前还没有被普遍接受的水生植物的定义。1974年Cook在《世界水生植物》里将高等水生植物（水生维管束植物）定义为所有蕨类植物亚门（蕨及其近缘类型）和种子植物亚门中那些光合作用部分永久地或一年中至少有数月沉没于水中或浮在水面的植物。2000年我国台湾地区的"水生植物乌托邦"将高等水生植物定义为"植物体具有特化器官，能长期适应水域或含饱和水的湿地环境而生长、繁殖，以完成生活史的植物"。

水生植物包括沉水植物、漂浮植物和挺水植物3类。沉水植物是整个植株都沉没在水下的典型水生植物。沉水植物的根退化或消失，通气组织发达，表皮细胞可以直接吸收水分和水中的气体、营养物，为适应水中的弱光环境叶绿体大而多，无性繁殖比有性繁殖发达。沉水植物包括眼子菜科、茨藻科（Najadaceae）、小二仙草科（Haloragidaceae）等科植物，如轮叶狐尾藻（Myriophyllum verticilatum）、金鱼藻（Ceratophyllum demersum）等。漂浮植物的叶片漂浮在水面并覆盖角质层或蜡层，叶的上表面多气孔，水下器官与沉水植物结构相似，无性繁殖速度快，生产力高，如凤眼莲（Eichhornia crassipes）、浮萍（Lemna minor）、睡莲（Nymphaea fefragona）等。有些漂浮植物不在底质中扎根，维管束和保护组织也不发达，如萍（Marsilea quadrifolia）、满江红（Azolla imbricata）等。挺水植物也称沼生植物，植物体大部分挺出水面，但根部淹没在水中，如芦苇、香蒲等。挺水植物的通气组织发达，维管束、机械组织和保护组织发育健全，能忍受短期的土壤干旱，常与一些能够忍受短期轻度渍水的湿生植物交错分布。

（3）湿生植物

湿生植物是生长在潮湿环境中，不能忍受较长时间的水分不足，即抗旱能力最弱的陆生植物。根据生长环境的特点可以分阴性湿生植物、阳性湿生植物2个亚类。包括禾本科、莎草科（Cyperaceae）、灯芯草科（Juncaceae）、蓼科、菊科等种子植物和少量蕨类植物。

（4）沙生植物

沙生植物能在持水性、肥力极低的砂质土壤中生长，多数具有发达的根系，地上茎普遍矮化。胶州湾海岸湿地分布的沙生植物不仅能耐土壤贫瘠，而且能耐受一定程度的土壤盐碱。

3.2.4.2 胶州湾滨海湿地维管束植物的生态类群种类组成

胶州湾滨海湿地土壤含盐量较高，限制了盐生植物的生长。在构成胶州湾海岸湿地的盐生湿地植被、沙生湿地植被、湿生湿地植被和水生湿地植被4个自然湿地植被型 15 个湿地植物群落中，有菖蒲（*Acorus calamus*）、芦苇、浮萍、慈姑、金鱼藻、睡莲（*Nymphaea fefragona*）、莲（*Nelumbo nucifera*）、芡实（*Eruyale ferox*）、两栖蓼（*Polygonum amphibium*）、水蓼（*P. hydropiper*）、槐叶萍（*Salvinia natans*）、满江红（*Azolla imbricate*）等 28 种水生植物，主要为分布在河流及河口湿地的淡水水生植物，水生植物主要建群种为浮萍、金鱼藻、轮叶狐尾藻、菹草（*Potamogeton crispus*）、慈姑（*Sagittaria sagittifolia*）等。

胶州湾滨海湿地有滨藜（*Atriplex patens*）、藜（*Chenopodium album*）、碱蓬、盐地碱蓬、盐角草、猪毛菜（*Salsola collina*）、碱菀（*Tripolium vulgare*）、白刺（*Nitraria sibirica*）、獐毛等 23 种盐生植物。

特殊的水、盐和土壤环境决定了在海岸湿地维管束植物区系中除了有种类众多的水生植物、盐生植物外，还有少数湿生植物、沙生植物和陆地中生植物。水生植物和盐生植物分别占湿地维管束植物区系植物总种数的37.3%、30.7%，各种湿地植物群落的优势种、建群种也以水生植物、盐生植物为主。这说明在胶州湾海岸湿地不同的湿地生态环境中，水生植物和盐生植物在维管束植物区系中占据重要地位。

胶州湾滨海湿地共有湿生植物 10 科、16 属、19 种，全部为藻类和草本植物，其中，禾本科、蓼科种类最多。主要建群种包括芦苇、香蒲等。胶州湾海岸湿地共有沙生植物 12 科、17 属、19 种，其中，禾本科、藜科植物最多，其他包括禾本科、藜科、菊科、豆科、蓼科等。建群种有砂钻苔草（*Carex kobomugi*）、砂引草（*Messerschmidia sibirica*）、珊瑚菜（*Glehnia littoralis*）、单叶蔓荆（*Vitex trifolia* var. *simplicifolia*）等（表3–5）。与水生植物、盐生植物相比，区系中沙生植物种类较少，说明胶州湾海岸潮上带湿地中砾石海岸湿地、砂砾质海岸湿地、砂质海岸湿地的植被群落结构简单，群落的

3 胶州湾滨海湿地及水禽保护

物种多样性水平低。

表3–5 胶州湾海岸湿地维管束植物的生态类群划分

生态类群	科/属/种数	主要建群种
盐生植物	9/19/25	碱蓬（*Suaeda glauca*）、盐地碱蓬（*S. salsa*）、盐角草（*Salicornia europaea*）、芦苇（*Phragmites communis*）、大米草（*Spartina anglica*）、獐毛（*Aeluropus littoralis*）、罗布麻（*Apocynum venetum*）、柽柳（*Tamarix chinensis*）
水生植物	14/16/20	浮萍（*Lemna minor*）、金鱼藻（*Ceratophyllum demersun*）、狐尾藻（*Myriophyllum spicatum*）、轮叶狐尾藻（*M. vesticilatum*）、菹草（*Potamogeton crispus*）、慈姑（*Sagittaria sagittifolia*）、荇菜（*Nymphoides peltatum*）
湿生植物	10/16/19	芦苇、香蒲（*Typha orientalis*）、水烛（*T. angustifolia*）、狐尾藻、毛茛（*Ranunculus japonicaus*）、水蓼（*Polygonum hydropiper*）、荩草（*Arthraxon hispidus*）、盐地碱蓬、中华补血草（*Limonium sinensis*）
沙生植物	12/17/19	砂钻苔草（*Carex kobomugi*）、砂引草（*Messerschmidia sibirica*）、珊瑚菜（*Glehnia littoralis*）、单叶蔓荆（*Vitex trifolia var.*）

注：表中各湿地维管束植物生态类群划分过程中，由于湿地植物在耐盐性、耐水性方面有重叠，所以这只是一个初步的湿地维管束植物生态类群划分。

3.2.5 胶州湾滨海湿地维管束植物区系种的生活型构成

生活型（life-form）是植物个体长期适应综合环境条件形成的稳定的生理、结构和外貌形态特征，是不同植物在相同生态环境中趋同进化的结果。形态和对环境适应能力相似的植物，属于同种生活型。当前植物生活型分类应用最广泛的Raunkiaer分类系统（1934）根据不同季节植物更新芽的着生位置，将植物分为高位芽植物（P）、地上芽植物（Ch）、地面芽植物（H）、地下芽植物（G）和一年生植物（T）。高位芽植物反映植物生长季的湿热气候；地上芽植物反映极寒冷气候；地面芽植物反映寒冷季节较长；地下芽植物反映冷湿气候；一年生植物以种子（胚）延续生命，反映干旱气候。

统计某一地区或某群落内各类生活型植物种类的对比关系称为生活型谱（spectrum of life form），生活型谱是群落对外界环境最综合的反映指标。通过生活型谱，可以分析某一群落与生境（特别是与气候）的关系。

胶州湾海岸湿地的维管束植物区系以草本植物为主，木本植物较少，区系中木本植物仅有柽柳、白刺（*Nitraria sibirica*）、达胡里胡枝子（*Lespedeza davurica*）、枸杞（*Lycium Chinense*）4 种灌木。按照 Raunkiaer 生活型分类系统统计得出的生活型谱（表 3-6）表明，区系中的维管束植物以地下芽植物和一年生植物为主，这 2 种生活型的植物占区系中维管束植物总种数的 78.7%。其中，地下芽植物反映了河口湾和河口三角洲湿地、永久性河流、季节性河流、水库和塘坝等湿地类型的冷湿水文气候条件特征，一年生植物是在生殖方面具有 r-选择策略的草本植物，在繁殖时具有能够将种群增长最大化的生物学特征，在湿地经常受海潮影响、土壤含盐量高、环境条件较恶劣时引起了湿地植物的生理性干旱，植物繁殖较多的个体来维持种群的延续。一年生植物占比例较大的湿地植被类型，如盐地碱蓬群落、盐角草群落，一般处于群落演替的初级阶段，群落总体上处于不稳定状态，受大风暴潮淹没后，一般经过 3~5 年就可完全恢复。

表 3-6　胶州湾海岸湿地维管束植物的生活型谱

生活型	高位芽植物（P）	地上芽植物（Ch）	地面芽植物（H）	地下芽植物（G）	一年生植物（T）
维管束种数	6	2	8	34	25

3.2.6　胶州湾滨海湿地维管束植物区系属的地理分布区类型构成

胶州湾滨海湿地有蕨类植物 3 科 3 属 3 种，即萍、槐叶萍（*Salvinia natans*）、满江红，这 3 种蕨类植物的分布区类型均属世界分布。中国种子植物共有 15 个分布区类型。胶州湾滨海湿地的 32 科、58 属种子植物有 13 个分布区类型（表 3-7），仅缺中亚分布、中国特有 2 个分布区类型。

表 3-7　种子植物属的分布区类型

分布区类型	属数	占总属数的比例
1. 世界分布	24	41.4%
2. 泛热带分布	4	6.9%

3 胶州湾滨海湿地及水禽保护

续表

分布区类型	属数	占总属数的比例
3. 热带亚洲至热带美洲间断分布	2	3.4%
4. 旧世界热带分布	2	3.4%
5. 热带亚洲至热带大洋洲分布	1	1.7%
6. 热带亚洲至热带非洲分布	3	5.2%
7. 热带亚洲分布	1	1.7%
8. 北温带分布	9	15.5%
9. 东亚北美间断分布	3	5.2%
10. 旧世界温带分布	5	8.6%
11. 温带亚洲分布	2	3.4%
12. 东亚分布	1	1.7%
13. 地中海、西亚和中亚分布	1	1.7%

胶州湾海岸湿地种子植物区系中泛热带、热带亚洲至热带非洲等（表3-7，分布区类型2～7）6个热带分布区类型共有白茅属（$Imperata$）、鸭嘴草属（$Ischaemum$）、苔草属（$Carex$）、母荆属（$Vitex$）、荩草属（$Arthraxon$）、砂引草属（$Messerschmidia$）、雨久花属（$Monochoria$）、水鳖属（$Hydrocharis$）、缕草属（$Zoysia$）、束尾草属（$Phacelurus$）、打碗花属（$Calystegia$）、苦荬菜属（$Lxeris$）等13属，占总属数的22.4%；北温带分布、东亚北美间断分布等（表3-7，分布区类型8～11）4个温带分布区类型共有19属，占总属数的32.8%，其中属于北温带分布的有盐角草属（$Salicornia$）、蒿属、碱菀属（$Tripolium$）、枸杞属（$Lyeium$）、香豌豆属（$Lathyrus$）、赖草属（$Leymus$）、虫实属（$Corispermum$）、䕠草属（$Phalaris$）、慈姑属（$Sagittaria$）9个属。上述分析表明，胶州湾海岸湿地种子植物区系中温带分布区成分占据重要地位，胶州湾滨海湿地植被在一定程度上具有地带性烙印。同时热带分布区成分也占据较大的比重，这主要是因为胶州湾沿岸气候具有显著的海洋性气候特点，空气湿润，雨量沛。较同纬度的其他地区相比，冬季气温较高，对起源于热带的种子植物生存的限制较小。

世界分布属最多，共24属，占总属数的41.4%，包括滨蓼属、蓼属、藜属、猪毛菜属、碱蓬属、芦苇属（$Phragmites$）、补血草属（$Limonium$）、苍耳属（*Xanthium*）、鬼针草属（*Bidens*）、香蒲属（*Typha*）、蔍草属（*Scirpus*）、灯芯草属（*Juncus*）、毛茛属（*Ranunculus*）、荇菜属（*Nymphoides*）、芡属（*Eruyale*）、睡莲属（*Nymphaea*）、金鱼藻属（*Ceratophyllum*）、狐尾藻属、眼子菜属、茨藻属（*Najas*）、浮萍属（*Lemna*）、紫萍属（*Spirodela*）、大米草属（*Spartina*）和蒺藜属（*Tribulus*）。这反映了湿地植物地理分布的共性，也反映了胶州湾海岸湿地植被的隐域性质。另外，东亚分布仅芡属（*Eruyale*）1属，地中海、西亚和中亚分布仅白刺属（*Nitraria*）1属，分别占总属数的1.7%。

从种级水平来看，也有大致类似的特点，很多属于世界分布种，或至少有较广的分布区。本书是在属级水平上进行的胶州湾滨海湿地维管束植物分布区类型分析。已有的研究表明，植物在属级水平上的分布特征掩盖了其种级水平上的分布区样式，因此，应进一步在种级水平上进行区系分析，才能更好地掌握湿地植物分布的地域性特征。但目前湿地植物种级水平的区系分析还受到研究水平的很大限制，难以准确研究。

3.3 胶州湾滨海湿地的水禽及保护

3.3.1 水禽的基本特征

水禽是在生态上高度依赖于湿地的鸟类，根据形态特征水禽包括游禽、涉禽两大类。

游禽善于游泳，很多喙宽扁、脖子短、脚趾间有蹼，主要觅食深水区的鱼类等，例如，䴙䴘目的小䴙䴘、凤头䴙䴘，雁形目的鸿雁、豆雁、灰雁、绿头鸭、针尾鸭、鸳鸯、大天鹅、小天鹅等雁鸭类，鸥形目的红嘴鸥、黑嘴鸥、黑尾鸥、银鸥、须浮鸥等鸥类。

涉禽大多不善于游泳，主要在浅水区域觅食，在潮间带滩涂湿地觅食蠕虫、沙蚕、贝类、蟹类等软体动物、底栖动物，具有腿长、嘴长、脖子长等特点，例如，大白鹭、白鹭、白鹳等鹳形目鸟类，丹顶鹤、骨顶鸡等鹤形目鸟类，黑腹滨鹬、大杓鹬、反嘴鹬、环颈鸻、金斑鸻、金眶鸻等鸻形目鸟类。

水禽以各种湿地作为觅食地和栖息地，水禽多样性是构成湿地生物多样性的一个重要方面，也是确定国际重要湿地的决定性指标之一，某一湿地区

3 胶州湾滨海湿地及水禽保护

域如果水禽总数达到 2 万只以上或某一种水禽种群数量达到全球种群总数的 1% 以上均为达到国际重要湿地的指标。

水禽的体型大小差异很大，迁徙习性也有很大的差别。

3.3.2 胶州湾滨海湿地的水禽种类构成

栖息于胶州湾滨海湿地的鸟类以水禽为主，胶州湾滨海湿地是我国滨海湿地中水禽多样性水平较高的地区，已观测记录到的水禽共 9 目 21 科 140 种（表 3-8）。以目为单位统计，胶州湾沿岸滨海湿地的水禽中鸻形目种类最多，达 42 种，占总种数的 30.00%。其他目的排序为：雁形目（35/25.00%）（种数/占比，下同）、鹳形目（20/14.29%）、鹤形目（15/10.71%）、鸥形目（15/10.71%）、鹈鹕目（4/2.86%）、鹈形目（4/2.86%）、䴙䴘形目（3/2.14%）、潜鸟目（2/1.43%）（图 3-2）。

以科为单位统计，鸭科种类最多，达 35 种，占总种数的 25.00%，其他科的排序为：鹬科（29/20.71%）（种数/占比，下同）；鹭科（15/10.71%）；鸥科（14/10.00%）；秧鸡科（10/7.14%）；鸻科（8/5.71%）；鹤科（5/3.57%）；鹈鹕科（4/2.86%）；鹮科（3/2.14%）；潜鸟科、䴙䴘科、鹳科、燕鸥科等科各 2 种，分别占总种数的 1.43%；信天翁科、䴙䴘科、海燕科、鹈鹕科、鲣鸟科、反嘴鹬科、海雀科、潜马科、鸬鹚科等科各 1 种，分别占总种数的 0.71%。其中，鸭科、鹬科、鹭科、鸥科 4 科的种数达 93 种，占总种数的 66.43%（图 3-3）。

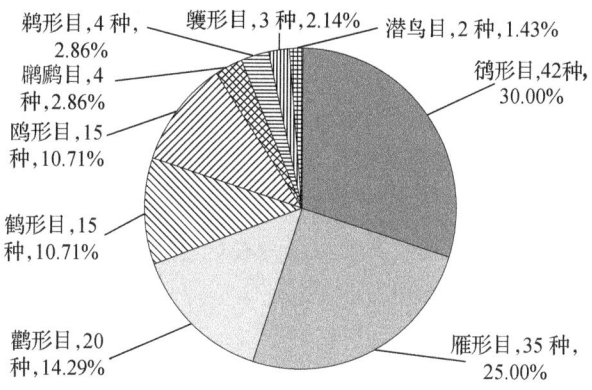

图 3-2 胶州湾沿岸湿地各目水禽的种数及占比

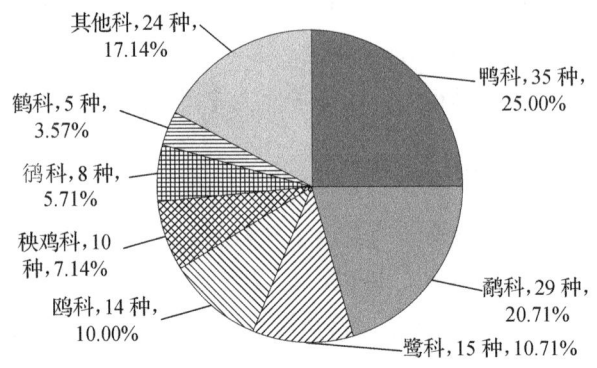

图 3-3　胶州湾沿岸湿地各科水禽的种数及占比

3.3.2.1　区系的地理成分

对于鸟类区系的地理成分，在世界范围内有古北界、新北界、东洋界、热带界、新热带界和澳洲界 6 个鸟类分布区类型，在每一分布区内都生活着独特的鸟类类群，各分布区的鸟类类群对现阶段外界环境条件具有共同的适应性。胶州湾滨海湿地以水禽为主的鸟类区系成分包括古北界、东洋界及广布种 3 个分布区类型，3 个分布区类型的水禽分别有 96 种、28 种、16 种（表 3-8），分别占总种数的 68.57%、20.00%、11.43%。所以胶州湾滨海湿地水禽区系组成具有以古北界鸟种为主，同时有少量广布种、东洋界鸟种的特点。

3.3.2.2　区系的季节型成分

按照迁徙特点划分，胶州湾滨海湿地的水禽区系有冬候鸟、夏候鸟、留鸟和旅鸟 4 种季节型成分。4 种季节型成分的种数分别为冬候鸟 33 种，夏候鸟 23 种，留鸟 7 种，旅鸟 77 种（表 3-8），各占胶州湾滨海湿地水禽总种数的 23.57%、16.43%、5.00%、55.00%。因此，胶州湾滨海湿地水禽区系成分具有旅鸟和候鸟（特别是冬候鸟）所占的比重最大，留鸟所占比重最小的特点。这反映了胶州湾滨海湿地在为迁徙水禽提供停歇地、越冬地或繁殖地方面所起的作用特别重要。

3.3.2.3　区系的生活型成分

水禽的生活型是按照栖息地环境和取食特点划分的。中国鸟类学会水鸟组将水禽分为游禽和涉禽 2 种生活型。游禽是指生活在水域、善于游泳的鸟类。胶州湾沿岸湿地的游禽包括潜鸟目、鸊鷉目、鹱形目、鹈形目、雁形目

3 胶州湾滨海湿地及水禽保护

表3-8 胶州湾滨海湿地水禽名录

目	科	种	居留型	区系型	种群数量	保护等级
Ⅰ. 潜鸟目 GAVIIFORMES	1. 潜鸟科 Gaviidae	(1) 红喉潜鸟 *Gavia stellata*	T	P	+	
		(2) 黑喉潜鸟 *G. arctica*	W	P	+	
Ⅱ. 䴙䴘目 PODICIPEDIFORMES	2. 䴙䴘科 Podicedidae	(3) 小䴙䴘 *Podiceps ruficollis*	R	O	++	
		(4) 角䴙䴘 *P. auritus*	T	P	○	
		(5) 黑颈䴙䴘 *P. caspicus*	W	P	+	
		(6) 凤头䴙䴘 *P. cirstatus*	W	P	+	
Ⅲ. 鹱形目 PROCELLARIIFORMES	3. 信天翁科 Diomedeidae	(7) 短尾信天翁 *Diomedea albaturus*	T	O	○	Ⅰ
	4. 鹱科 Procellariidae	(8) 白额鹱 *Puffinus leucomelas*	S	O	+++	
	5. 海燕科 Hydrobatidae	(9) 黑叉尾海燕 *Oceanodroma monorhis*	S	O	+++	
Ⅳ. 鹈形目 PELECANIFORMES	6. 鹈鹕科 Pelecanus	(10) 斑嘴鹈鹕 *Pelecanus philippensis*	T	O	○	
	7. 鲣鸟科 Sulidae	(11) 褐鲣鸟 *Sula leucoaster*	T	O	○	Ⅱ
	8. 鸬鹚科 Phalacrocoracidae	(12) 海鸬鹚 *Phalacrocorax pelagicus*	S	P	+	
		(13) 鸬鹚 *P. carbo*	R	P		
Ⅴ. 鹳形目 CICONIIFORMES	9. 鹭科 Ardeidae	(14) 苍鹭 *Ardea cinerea*	R	W	++	
		(15) 草鹭 *A. purpurea*	S	W	+	
		(16) 池鹭 *Ardeola bacchus*	S	O	++	
		(17) 绿鹭 *Butorides striatus*	S	W	++	
		(18) 大白鹭 *Egretta alba*	S	W	++	

续表

目	科	种	居留型	区系型	种群数量	保护等级
V. 鹳形目 CICONIIFORMES	9. 鹭科 Ardeidae	(19) 牛背鹭 Bubulcusi bis	S	O	+	
		(20) 白鹭 Egretta garzetta	S	O	+	
		(21) 中白鹭 E. intermedia	S	O	○	
		(22) 夜鹭 Nycticorax nycticorax	S	W	+ +	
		(23) 黄嘴白鹭 Egretta eulophote	S	O	○	II
		(24) 黄斑苇鳽 Ixobrychus sinensis	T	O	+ +	
		(25) 小苇鳽 I. minutu	S	O		II
		(26) 栗苇鳽 I. cinnamomeus	T	O		
		(27) 紫背苇鳽 I. eurhythmus	T	O	+ +	
		(28) 大麻鳽 Botaurus stellaris	T	P	+	
	10. 鹳科 Ciconiidae	(29) 黑鹳 Ciconia nigra	T	P	○	I
		(30) 白鹳 C. ciconia	T	P	+	I
	11. 鹮科 Threskiorothidae	(31) 白琵鹭 Platalea leucorodia	T	P	○	II
		(32) 黑脸琵鹭 P. minor	T	O	○	II
		(33) 白鹮 Threskiornis aethiopica	T	O	○	II
VI. 雁形目 ANSERIFORMES	12. 鸭科 Anatidae	(34) 黑雁 Branta bernicla	W	P	+	
		(35) 豆雁 Anser fabalis	W	P	+ + +	
		(36) 鸿雁 A. cygnoides	W	P	+ +	

3 胶州湾滨海湿地及水禽保护

续表

目	科	种	居留型	区系型	种群数量	保护等级
VI. 雁形目 ANSERIFORMES	12. 鸭科 Anatidae	(37) 白额雁 A. albifrons	W	P	++	
		(38) 小白额雁 A. erythropus	W	P	++	II
		(39) 灰雁 A. anser	W	P	++	
		(40) 大天鹅 Cygnus cygnus	W	P	++	II
		(41) 小天鹅 C. columbianus	T	P	+	II
		(42) 疣鼻天鹅 C. olor	T	P	+	II
		(43) 赤麻鸭 Tadorna ferruginea	W	P	++	
		(44) 翘鼻麻鸭 T. tadorna	W	W	+	
		(45) 针尾鸭 Anas acuta	W	P	++	
		(46) 绿翅鸭 A. crecca	W	P	++	
		(47) 花脸鸭 A. formosa	R	W	+	
		(48) 罗纹鸭 A. falcata	W	P	++	
		(49) 绿头鸭 A. platyrhynchos	W	P	+++	
		(50) 斑嘴鸭 A. poecilorhyncha	R	W	+++	
		(51) 赤膀鸭 A. strepera	T	P	+	
		(52) 琵嘴鸭 A. clypeata	T	P	++	
		(53) 赤颈鸭 A. penelope	W	P	+	
		(54) 白眉鸭 A. querqudula	W	P	++	

续表

目	科	种	居留型	区系型	种群数量	保护等级
VI. 雁形目 ANSERIFORMES	12. 鸭科 Anatidae	(55) 红头潜鸭 Aythya ferina	W	P	+	
		(56) 凤头潜鸭 A. fuligula	T	P	+ +	
		(57) 斑背潜鸭 A. marila	T	P		
		(58) 帆背潜鸭 A. valisineria	W	P	+	
		(59) 鸳鸯 Aix galericulata	T	P		II
		(60) 鹊鸭 Bucephala clangula	W	P	+	
		(61) 丑鸭 Histrionicus histrionicus	T	P	+	
		(62) 黑海番鸭 Melanitta nigra	T	P	○	
		(63) 斑脸海番鸭 M. fusca	T	P		
		(64) 长尾鸭 Clangula hyemalis	T	P	+	
		(65) 斑头秋沙鸭 Mergus albellus	W	P	+ +	
		(66) 红胸秋沙鸭 M. serrator	T	P	○	I
		(67) 中华秋沙鸭 M. squamatus	T	P	+	
		(68) 普通秋沙鸭 M. merganser	W	P		
VII. 鹤形目 GRUIFORMES	13. 鹤科 Gruidae	(69) 灰鹤 Grus grus	W	P	+ + +	
		(70) 丹顶鹤 G. japonensis	W	P	+	I
		(71) 白枕鹤 G. vipio	T	P	I	II
		(72) 白鹤 G. eucogeranus	T	P	I	I

3 胶州湾滨海湿地及水禽保护

续表

目	科		种	居留型	区系型	种群数量	保护等级
Ⅶ. 鹤形目 GRUIFORMES	13. 鹤科 Gruidae	(73)	蓑羽鹤 Anthropoides virgo	W	P		
	14. 秧鸡科 Rallidae	(74)	普通秧鸡 Rallus aquaticus	T	P	++	
		(75)	小田鸡 Porzana pusilla	T	W	++	
		(76)	红胸田鸡 P. fusca	T	O	+	
		(77)	斑胸田鸡 P. paykullii	T	P		
		(78)	花田鸡 Porphyrio porphyrio	T	P		
		(79)	黑水鸡 Gallinual chloropus	S	O		
		(80)	骨顶鸡 Fulica atra	S	P		
		(81)	红脚苦恶鸟 Amaurornis akool	T	O		
		(82)	白胸苦恶鸟 A. phoenicurus	T	O		
		(83)	董鸡 Gallicrex cinerea	S	O		
Ⅷ. 鸻形目 CHARADRIIFORMES	15. 鸻科 Charadriidae	(84)	灰头麦鸡 Vanellus cinereus	T	P	++	
		(85)	凤头麦鸡 V. vanellus	T	P	++	
		(86)	剑鸻 Charadrius hiaticula	T	P		
		(87)	蒙古沙鸻 C. mongolus	S	P		
		(88)	金眶鸻 C. dubius	T	P		
		(89)	铁嘴沙鸻 C. leschenaultii	T	W		
		(90)	环颈鸻 C. alexandrinus	S	W		

续表

目	科		种	居留型	区系型	种群数量	保护等级
Ⅷ. 鸻形目 CHARADRIIFORMES	15. 鸻科 Charadriidae	(91)	灰斑鸻 Pluvialis squatarola	T	P	+	
	16. 彩鹬科 Rostratulidae	(92)	彩鹬 Rostratula benghalensis	T	O		
	17. 鹬科 Scolopacidae	(93)	小杓鹬 Numenius borealis	T	P	+	
		(94)	中杓鹬 N. phaeopus	T	P	+	
		(95)	大杓鹬 N. madagascariensis	T(S?)	P	○	
		(96)	白腰杓鹬 N. arquata	T	P	+ +	
		(97)	灰鹬 Tringa incana	T	O	○	
		(98)	斑尾塍鹬 Limosa lapponica	T	P	○	
		(99)	黑尾塍鹬 L. limosa	T	P		
		(100)	青脚鹬 Tringa nebularia	T	P	○	
		(101)	泽鹬 T. stagnatilis	T	P	+ + +	
		(102)	白腰草鹬 T. ochropus	W	P	+ +	
		(103)	三趾鹬 Crocethia alba	W	P	○	
		(104)	红脚鹬 Tringa totanus	T	P		
		(105)	鹤鹬 T. erythropus	T	P	+ + +	
		(106)	矶鹬 T. hypoleucos	T	P	+	
		(107)	翘嘴鹬 Xenus cinereus	T	P	○	
		(108)	林鹬 Tringa glareola	T	P	+	

3 胶州湾滨海湿地及水禽保护

续表

目	科	种	居留型	区系型	种群数量	保护等级
Ⅷ. 鸻形目 CHARADRIIFORMES	17. 鹬科 Scolopacidae	(109) 翻石鹬 Arenaria interpres	T	P	+	
		(110) 小青脚鹬 Tringa guttifer	T	P	○	Ⅱ
		(111) 半蹼鹬 Limnodromus semip alm	T	P		
		(112) 丘鹬 Scolopax rusticola	T	P		
		(113) 孤沙锥 Capella solitaria	T	P	+	
		(114) 扇尾沙锥 Capella gallinago	T	P	++	
		(115) 针尾沙锥 C. stenura	T	W	++	
		(116) 大沙锥 C. megala	T	W	+	
		(117) 黑腹滨鹬 Calidris alpina	T	P	+++	
		(118) 细嘴滨鹬 C. tenuirostris	T	P	+	
		(119) 红胸滨鹬 C. ruficollis	T	P	+++	
		(120) 长趾滨鹬 C. subminuta	T	P		
		(121) 乌脚滨鹬 C. temminckii	T	P	++	
	18. 燕鸻科 Glareolidae	(122) 普通燕鸻 Glareola maldivarum	S	O		
		(123) 灰燕鸻 G. lactea	T	O		
	19. 反嘴鹬科 Recurvirostridea	(124) 反嘴鹬 Recurvirostra avosetta	T	P	+	
		(125) 黑翅长脚鹬 Himantopus himantopus	T(S?)	P		

· 75 ·

续表

目	科	种	居留型	区系型	种群数量	保护等级
IX. 鸥形目 LARIFORMES	20. 鸥科 Laridae	(126) 海鸥 *Larus canus*	W	W	+	
		(127) 黑尾鸥 *L. crassirostri*	R	P	++	
		(128) 渔鸥 *L. ichthyaetus*	T	P	○	
		(129) 银鸥 *L. argentatus*	R	W	++	
		(130) 棕头鸥 *L. brunnicephalus*	T	P	++	
		(131) 红嘴鸥 *L. ridibundus*	W	P	+++	
		(132) 黑嘴鸥 *L. saundersi*	W(S?)	P		I
		(133) 灰背鸥 *L. schistisagus*	W	P	++	
		(134) 三趾鸥 *Rissa tridactyla*	T	P	○	
		(135) 白翅浮鸥 *Chlidonias leucoptera*	T	P	○	
		(136) 须浮鸥 *C. hybrida*	S	W	○	
		(137) 普通燕鸥 *Sterna hirundo*	S	P	++	
		(138) 白额燕鸥 *S. albifrons*	S	O	++	
		(139) 黑枕燕鸥 *S. sumatrana*	T	O	+	
	21. 海雀科 Alcidae	(140) 扁嘴海雀 *Synthliboramphus antiquus*	S	P	+++	

注：表中居留型一列中"T"为旅鸟，"S"为夏候鸟，"W"为冬候鸟，"R"为留鸟，"S?"为发现有繁殖群体但没有发现巢区；区系型一列中"P"为古北界，"O"为东洋界，"W"为广布种；种群数量一列中"○"为偶见种，"+"为稀有种，"++"为普通种，"+++"为优势种；保护等级一列中"I"为列入《中国濒危动物红皮书》的国家一级重点保护的鸟类，"II"为列入《中国濒危动物红皮书》的国家二级重点保护的鸟类。

和鸥形目等6目11科52种，占水禽总种数的37.14%，其中雁形目鸭科种类最多，达35种，占游禽总种数的67.31%。涉禽又称亚水禽，是指在浅水中涉行觅食的鸟类，胶州湾沿岸湿地的涉禽包括鹳形目、鹤形目和鸻形目3目9科88种，占水禽总种数的62.86%，其中鸻形目鹬科种类最多，达29种，占涉禽总种数的32.95%。

3.3.3 胶州湾滨海湿地水禽的多样性特征

3.3.3.1 主要保护种类及保护价值

胶州湾滨海湿地水禽区系的140种水禽中，被列入《中国濒危动物红皮书》的国家Ⅰ级、Ⅱ级重点保护水禽有丹顶鹤（*Grus japonensis*）、白鹤（*G. leucogeranus*）、黑鹳（*Ciconia nigra*）、中华秋沙鸭（*Mergus squamatus*）、大天鹅（*Cygnus cygnus*）、鸳鸯（*Aix galerioulata*）、灰鹤（*Grus grus*）等21种。2004年5月2—4日，由湿地国际—中国办事处组织的黄海地区北迁鸻鹬鸟类调查共观察、记录到胶州湾滨海湿地有鸻鹬鸟类19 286只，其中鹤鹬（*Tringa erythropus*）、泽鹬（*T. stagnatilis*）、红胸滨鹬（*Calidris ruficollis*）的数量达到了国际重要湿地的标准。

3.3.3.2 优势种群与种群数量的季节差异

不同季节胶州湾滨海湿地水禽数量和优势种群不同（表3－8）。夏季胶州湾滨海湿地的水禽以鹭类、鸥类为主，白额鹱（*Puffinus leucomelas*）、黑叉尾海燕（*Oceanodroma monorhis*）、扁嘴海雀（*Synthliboramphus antiquus*）等为优势种。2002年的调查表明，夏季有黑嘴鸥（*Larus saundersi*）、黑翅长脚鹬（*Himantopus himantopus*）、大勺鹬（*Numenius madagascariensis*）等10余种国际珍稀濒危水禽可能在此繁殖。春、秋季鹭类、鸻鹬类为优势种群，数量最多，每年春、秋季迁徙时在胶州湾滨海湿地停歇的鸻鹬类、鸥类、鹭类、雁鸭类等水禽达数万只，主要优势种有黑腹滨鹬（*Calidris alpina*）、红胸滨鹬、泽鹬、鹤鹬等。冬季雁鸭类、鸥类是优势种群，豆雁（*Anser fabalis*）、绿头鸭（*Anas platyrnychos*）、斑嘴鸭（*A. poeciorhyncha*）、红嘴鸥（*Larus ridibundus*）为优势种，每年在胶州湾湿地越冬的冬候鸟中雁鸭类数量可达20 000只，越冬鸥类约50 000只，红嘴鸥的数量最多。同时，每年冬季有小群体的灰鹤、丹顶鹤、蓑羽鹤（*Anthropoides uirgo*）等珍稀候鸟小种群在胶州湾滨海湿地越冬。

3.3.4 春季在胶州湾滨海湿地停歇的北迁鸻鹬鸟类的种类和数量变化

3.3.4.1 种类和数量变化

2004年5月2—4日，由湿地国际－中国办事处组织的黄海地区北迁鸻鹬鸟类调查共统计到胶州湾地区隶属于鸻形目（CHARADRIIFORMES）的鸻鹬鸟类3科10属20种19 286只。其中个体数量较多的种类有鹤鹬（*Tringa erythropus*）、泽鹬（*T. stagnatilis*）、红胸滨鹬（*Calidris ruficollis*）、尖尾滨鹬（*C. acuminata*）和黑腹滨鹬（*C. alpina*），特别是鹤鹬、泽鹬和红胸滨鹬的数量达到了国际重要湿地标准。2016年4月20日下午和23日上午，调查到在胶州湾滨海湿地停歇的鸻形目、鹳形目（CICONIIFORMES）北迁鸻鹬鸟类共4科9属14种9407只，其中数量较多的黑腹滨鹬9100只、红腰杓鹬（*Numenius madagascariensis*）132只（表3-9）。

与2004年春季相比，2016年春季在胶州湾滨海湿地停留的北迁鸻鹬鸟类种类、数量都明显减少。鸻鹬鸟类种类由20种以上下降到14种，鸻鹬鸟类个体总数由2004年春季的19 286只下降到2016年春季的9408只，尤其是2004年春季较多的鹤鹬、泽鹬个体数量显著下降，2004年春季在胶州湾滨海湿地停留的鹤鹬、泽鹬、红胸滨鹬的个体数量达到了国际重要湿地标准，但到2016年春季鹤鹬、泽鹬的个体数量已经远低于国际重要湿地标准，红胸滨鹬更是没有被发现。

3.3.4.2 多样性指数的变化

为深入分析春季在胶州湾滨海湿地停歇的北迁鸻鹬鸟类的多样性特征，采用Shannon-Weiner多样性指数（H'）和Pielou均匀度指数（J）计算春季在胶州湾滨海湿地停歇的北迁鸻鹬鸟类的多样性指数和均匀度指数。

$$H' = -\sum_{i=1}^{n} P_i \ln P_i \quad (3-1)$$

$$J = H'/\ln S \quad (3-2)$$

式中，P_i为群落中第i类的个体总数占总个体数的比例，S为总种数。

计算结果显示，2004年、2016年春季在胶州湾滨海湿地停歇的北迁鸻鹬鸟类多样性指数分别为1.6847、0.2032（图3-4a），均匀度指数分别为0.5624、0.0770（图3-4b），自2004年春季到2016年春季在胶州湾滨海湿地停歇的北迁鸻鹬鸟类多样性指数和均匀度指数分别下降了87.94%和86.31%。这说明，2004—2016年春季在胶州湾滨海湿地停歇的北迁鸻鹬鸟

表 3-9 2004 年、2016 年春季在胶州湾滨海湿地停歇的北迁鸻鹬类种类和数量

单位：只

目/科/属			种	2004 年	2016 年
I. 鸻形目 CHARADRIIFORMES	1. 鹬科 Charadriidae	(1) 塍鹬属 Limosa	斑尾塍鹬 Limosa lapponica	57	46
		(2) 阔嘴鹬属 Limicola	阔嘴鹬 Limicola falcinellus	—	3
		(3) 勺鹬属 Numenius	中杓鹬 Numenius phaeopus	91	24
			小杓鹬 N. minutus	—	3
			红腰杓鹬 N. madagascariensis	5	132
		(4) 鹬属 Tringa	鹤鹬 Tringa erythropus	960	14
			红脚鹬 T. totanus	—	1
			泽鹬 T. stagnatilis	1283	32
			青脚鹬 T. nebularia	16	—
			林鹬 T. glareola	26	—
		(5) 翘嘴鹬属 Xenus	翘嘴鹬 Xenus cinereus	3	—
		(6) 矶鹬属 Actitis	矶鹬 Actitis hypoleucos	5	—
		(7) 翻石鹬属 Arenaria	翻石鹬 Arenaria interpres	4	—

续表

目/科/属			种	2004 年	2016 年
I. 鸻形目 CHARADRIIFORMES	1. 鹬科 Charadriidae	(8) 滨鹬属 Calidris	大滨鹬 Calidris tenuirostris	20	—
			红胸滨鹬 C. ruficollis	7570	—
			长趾滨鹬 C. subminuta	2	—
			尖尾滨鹬 C. acuminata	860	—
			黑腹滨鹬 C. alpina	4900	9100
			弯嘴滨鹬 C. ferruginea	60	—
	2. 反嘴鹬科 Recurvirostridae	(9) 长脚鹬属 Himantopus	黑翅长脚鹬 Himantopus himantopus	35	11
			反嘴鹬 Recurvirostra avocetta	—	4
	3. 鸻科 Charadriidae	(10) 金鸻属 Pluvialis	灰斑鸻 Pluvialis squatarola	231	18
		(11) 金鸻属 Charadrius	环颈鸻 Charadrius alexandrinus	14	18
			蒙古沙鸻 C. mongolus	38	—
	4. 丘鹬科 Scolopacidae	(12) 漂鹬属 Heteroscelus	灰尾鹬 Heteroscelus brevipes	—	1
II. 鹳形目 CICONIIFORMES	—		未识别的鸻鹬类	3106	—
合计			—	19 286	9407

类种类和数量减少了,其多样性水平也显著下降了。

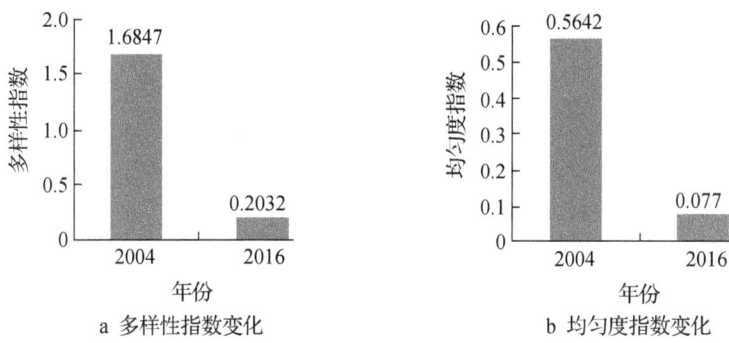

图3-4 2004—2016年春季在胶州湾滨海湿地停歇的
北迁鸻鹬鸟类多样性指数、均匀度指数的变化

3.3.5 春季在胶州湾滨海湿地停歇的北迁鸻鹬鸟类多样性下降的原因

3.3.5.1 滨海湿地面积不断萎缩,湿地植被退化

湿地不断萎缩是在胶州湾滨海湿地停歇的春季北迁鸻鹬鸟类种类、数量显著减少的主要原因。胶州湾沿岸工农业生产发达,土地资源有限,各项生产建设用地矛盾突出,导致胶州湾滨海湿地明显退化、面积萎缩,特别是大沽河河口湿地的退化,在此越冬和逗留的珍稀鸟类食物减少,栖息地环境恶化,珍稀水禽受到前所未有的威胁。近50年来,胶州湾经历了20世纪50年代的盐田建设、70年代前后的填湾造陆和80年代以来的围建养殖池塘、港口、公路、工业区建设等几波填海高潮。持续几十年的围垦使胶州湾海域面积、滩涂面积和纳潮量逐渐减小,湾内外水体交换能力和水体自净能力减弱(表3-10)。其中,潮下带湿地(浅海水域)面积减小了1/4以上,海湾北部海岸线向前推进了2~3 km,平均每年缩小3 km^2,红岛、黄岛相继并岸成为半岛。潮间带湿地(滩涂)面积已经降至不足原来的1/3,鱼虾尤其是滩涂贝类的生长和繁殖空间大量丧失。春季北迁鸻鹬鸟类在胶州湾滨海湿地停歇时的栖息地主要为潮间带泥质滩涂,尤其是入海河口附近的潮间带泥质滩涂、废弃的养殖虾蟹的海水养殖池塘、盐田等。2004—2016年胶州湾滨海湿地适宜北迁鸻鹬鸟类停歇、觅食的淤泥质潮间带滩涂湿地、废弃的海水虾蟹养殖池塘、盐田面积不断萎缩。2004年胶州湾沿岸的青岛市城阳区和胶州市有海水养殖池塘12 688 hm^2、盐田7630 hm^2,到2016年胶州湾

沿岸的青岛市红岛经济技术开发区、城阳区和胶州市海水养殖池塘减少至 9822 hm²、盐田已不足 1000 hm²。受海面上升、填海造陆等海岸带开发影响，胶州湾潮间带滩涂湿地面积持续减小，由 2002 年的 106.5 km² 降至 2010 年的 59.0 km²。

表 3-10　胶州湾面积和纳潮量的变化

年份	海湾面积/km²	滩涂面积/km²	滩涂面积与海湾面积之比	纳潮量/m³
1935	559	285	0.51%	12.667×10^8
1963	423	159	0.38%	10.065×10^8
1980	400	142	0.36%	9.626×10^8
1992	388	85	0.22%	9.593×10^8

河口湿地、潮滩湿地的自然演替过程被中断，以碱蓬、盐角草、节缕草、白茅、獐茅、柽柳等作为建群种的潮上带湿地自然植被被破坏，现在潮上带湿地留存面积非常有限。作为鹤类、雁鸭类等水禽栖息地的潮上带盐沼湿地、淡水、半咸水沼泽湿地逐渐丧失，对亚太地区鸟类迁徙通道的安全构成了威胁，许多鸟类失去了良好的栖息地和觅食地，对鸟类的种群结构和数量、活动范围、驻留性质、驻留时间、活动范围等产生了不同程度的影响，湿地水禽数量急剧减少。

3.3.5.2　滩涂污染日益严重，潮间带滩涂湿地底质和潮下带近海水质不断恶化

水质污染也是造成胶州湾湿地生态环境恶化的重要原因。自 20 世纪 70 年代以来，胶州湾沿岸城区、工业、海运业、养殖业通过大沽河、墨水河、李村河、海泊河等河流输入到湾内的工业废水和城市生活污水不断增加（表 3-11）。由于工业废水、城市生活污水主要来源于胶州湾东岸的青岛市区，所以胶州湾东部水域水质污染较严重。船舶含油废水、养殖废水、船舶事故溢油和倾倒在滩涂的工业、生活固体垃圾等输入胶州湾也是造成胶州湾污染和损害湿地生物资源的重要原因。据不完全统计，1971—1989 年由于船舶触礁、爆炸和黄岛油库爆炸、火灾泄漏到胶州湾的石油总量达 6510 t。

由于工业废水和城市生活污水向海排放量不断增大，加之湾口仅 3 km，使湾内外水体交换受阻，胶州湾潮间带泥质滩涂受铅、锌等重金属污染和有机废弃物污染严重，胶州湾水质和底质不断恶化，底质中铅、锌等重金属含

3 胶州湾滨海湿地及水禽保护

表3-11 青岛市近年来污水排放总量

单位：万t

年份	1980	1988	1995	1996	1997	2002
生活污水	1348.0	4287.0	9696.0	9737.0	8797.0	13 999.0
工业污水	7015.0	10 341.0	9837.0	9229.3	9748.3	9292.4
污水总量	8363.0	14 628.0	19333.0	18 966.3	18 545.3	23 291.4
氨氮			5933.5		7803.3	670.5
COD			25 998.8		104 419.9	57 300.0

注：除1980年数据外，全部为全市排放量，约75%以上输入到胶州湾内。

量超标，对生物资源构成了严重威胁，底栖生物种类、生物量明显下降，例如，1964—1981年，娄山河和板桥坊河河口附近的胶州湾东部沧口潮间带泥质滩涂的底栖生物由141种降至17种，20世纪60年代有生物141种，70年代减为30种，80年代只有17种，90年代少于10种。作为鱼虾类饵料的浮游动植物因污染相继中毒、死亡，资源减少，潮间带上部几乎已成为无生物区。东岸滩涂的工业废水已造成部分栖息水禽中毒，鸻鹬鸟类的食物减少，春季在此停歇的鸻鹬鸟类种类、数量下降。

3.3.5.3 河流入海径流量减小，河流和河口湿地退化

胶州湾沿岸水系较发育，有大沽河、洋河、白沙河和墨水河等十几条河流注入胶州湾，一些较大的河流如大沽河发育规模较大的河口平原，河口平原在较强的河流水动力作用下形成了生长大片芦苇的河口湿地。自20世纪70年代以来，由于在河流上游建设了一些作为城市水源地的水库等水利工程，河流一年内很长时间断流，导致海洋水动力增强，河口湿地土壤含盐量升高，芦苇植被逐渐被碱蓬、盐角草等盐生植被所取代，最后退化为河口光滩湿地。水库建成后，河流输沙量减小。例如，大沽河在1958年产芝水库建成前，多年平均输沙量为170万t/年，水库建成后为59.1万t/年。白沙河因崂山水库建设向胶州湾的输沙量也大大减小。河流输沙量减小使河口淤积强度减弱，滩涂被刷深，原有的水禽自然栖息地河口芦苇沼泽湿地面积逐年减小，每年迁徙过程中在此停留的水禽数量下降，繁殖率降低。

3.3.5.4 有害外来物种入侵

近年来，大米草（*Spartina anglica*）和互花米草（*S. alterniflora*）2种禾本科有害外来入侵物种在胶州湾潮间带泥质滩涂迅速扩散，到2013年胶州

湾泥质潮间带滩涂湿地上大米草和互花米草分布面积已达 79 150 m^2，尤其是胶州湾西岸洋河河口以北泥质滩涂上大面积集中成片分布的互花米草地面盖度极大、生长茂盛，这引起胶州湾潮间带泥质滩涂上的软体动物、甲壳动物等鸻鹬鸟类的食物显著减少，鸻鹬鸟类觅食困难，导致春季在此停歇的鸻鹬鸟类种类、数量下降，停留时间缩短。

3.3.5.5 公路交通噪声干扰

声音是干扰鸟类栖息、繁殖的重要因素。鸟类的可听频率为 0.3~6 kHz，可听到的最佳频率为 2~4 kHz，交通噪声的频率一般为 2~4 kHz，所以交通噪声会明显影响鸟类的相互交流、繁殖和捕食，引起鸟类种类和种群数量下降。胶州湾沿岸公路交通发达，G22 高速公路等不同等级的环胶州湾公路车流量大、车速较快，公路交通噪声较大，2016 年 4 月 20 日下午在胶州湾北岸墨水河和白沙河交汇处的 G22 高速公路女姑口大桥上测得的公路交通噪声约 75 分贝，这对在此停留的鸻鹬鸟类有明显的不利影响。

3.3.5.6 传统的滩涂渔业生产活动

在 2004 年和 2016 年春季调查鸻鹬鸟类时发现，退潮期间有一些当地居民在胶州湾潮间带泥质滩涂开展较大强度和密度的滩涂贝类采集等传统渔业生产活动，这在一定程度上占据了在这里停歇的迁徙鸻鹬鸟类的栖息地和觅食地。这也是胶州湾滨海湿地春季迁徙鸻鹬鸟类种类、数量下降的较重要原因之一。

3.3.6 胶州湾滨海湿地水禽的保护对策

3.3.6.1 保护胶州湾潮间带滩涂湿地、海水养殖池塘和盐田

滨海湿地是鸻鹬鸟类的栖息地和觅食地，保护鸻鹬鸟类首先要保护滨海湿地。在未来胶州湾开发建设过程中，要科学制定海岸带开发利用规划，严格审批各类海域使用项目，杜绝在大沽河、洋河等重要河口及河口附近滩涂规划设计围填海工程；保护现存鸻鹬鸟类分布集中的废弃海水养殖池塘、盐田，或对废弃海水养殖池塘、盐田进行适当改造，建设成水禽招引区、生态旅游观鸟区。

3.3.6.2 严格控制向胶州湾排放废水

要加强对胶州市、红岛经济技术开发区、城阳区等地工业企业污水无害化处理及排放的管理，严格控制向胶州湾排放工业废水和城市生活污水，根据环胶州湾各地城区建设发展的需要建设新的城市污水处理厂，有效净化胶

州湾沿岸城区向海排放的城市生活污水。

3.3.6.3 保护胶州湾海岸带盐生湿地植被，控制大米草、互花米草在胶州湾潮间带泥质滩涂扩散

在红岛经济技术开发区建设和青岛市城市绿道建设过程中，尽量保护胶州湾滨海湿地现存的盐地碱蓬群落、柽柳群落等适应当地盐碱生境的胶州湾沿岸盐生湿地植被。林业部门、海洋部门可筹集一定数额的专项资金，聘用当地有从事滩涂贝类采集等传统海洋渔业生产活动经验的社区居民，人工铲除女姑口、洋河河口等鸻鹬鸟类分布比较集中的泥质滩涂上正在不断扩散的小面积分散分布的大米草群落。

3.3.6.4 采用工程和管理措施减轻公路交通噪声对鸻鹬鸟类的影响

在白沙河和墨水河交汇处的 G22 高速公路女姑口大桥、洋河特大桥等鸻鹬鸟类分布较集中的地点，采取将一定路段范围的路面改造为降噪路面、设立保护湿地鸟类的交通警示标志、设定合理的限速标准，建议限速 60 km/h 以下，严禁经过车辆超速和鸣笛，高速公路大桥两侧加装隔音玻璃幕墙构筑声屏障，减轻公路交通噪声污染对鸻鹬鸟类的影响。

3.3.6.5 引导当地社区居民参与滩涂鸻鹬鸟类保护

加强宣传教育，逐步提高全民对胶州湾沿岸湿地及水禽保护的意识。通过报纸、电视、广播、图片展览、学术讨论会、科普教育、在中小学增设环境教育课程、环境信访、海洋夏令营、举办海洋节等各种机会和形式，宣传胶州湾沿岸湿地和水禽的价值、有关湿地保护的法规政策、合理的湿地保护与利用方式等，提高各级领导和民众对胶州湾沿岸湿地保护和可持续利用的意识。

通过宣传保护湿地鸟类的政策和措施、科普教育、开展湿地观鸟活动等引导当地社区居民了解鸻鹬鸟类对全球生态环境的重要性、鸻鹬鸟类的迁徙和生活习性，以及胶州湾入海河口、潮间带泥质滩涂、废弃海水养殖池塘和盐田对鸻鹬鸟类保护的作用，尽可能避免春、秋季鸻鹬鸟类在胶州湾滩涂停歇时从事滩涂贝类采集等渔业生产活动。

3.3.6.6 通过生态补偿推动鸻鹬鸟类保护

生态补偿制度是一种对生态环境保护非常有效的公共制度安排。青岛市应加快制定促进滨海湿地等重要生态系统保护的生态补偿制度，对沿海城区工业企业进行污水处理、保护废弃海水养殖池塘和盐田、防除大米草、社区参与滨海湿地和鸻鹬鸟类保护进行生态补偿。

3.3.6.7 按照胶州湾及邻近海岸带功能区划对海域及海岸带利用进行严格有效的管理

为合理利用胶州湾及邻近海域海岸带的自然资源，有效地保护海洋环境，1995年青岛市在全国率先完成了1∶2.5万比例尺的《胶州湾及邻近海岸带功能区划》，确定了不同区域的最佳开发功能和功能顺序，划定了排污口、混合排污区、限制排污区、治理保护区和倾废区等近海和海岸带功能区。区划的制定为实施胶州湾环境和资源综合管理、有序开发和可持续利用奠定了基础。今后必须根据胶州湾的基础条件和区位优势、资源类型与潜力、海洋经济发展需求，严格按照《胶州湾及邻近海岸带功能区划》确定的近海和海岸带功能区利用海岸带及海域，实行海域和海洋资源有偿使用制度、海域使用许可证制度，确保利用方式不严重损毁湿地、不对胶州湾环境造成严重的污染，确需利用湿地的建设项目应事先建设新的湿地补偿占用的湿地。在滩涂资源利用方面，今后应该严格控制围海造陆规模，对废弃盐田的再次利用应该将恢复、重建海岸带自然湿地作为第一选择。

3.3.6.8 发展循环经济、生态经济，合理利用胶州湾滨海湿地资源、水资源

循环经济是以人类可持续发展为增长目的、以循环利用资源和环境为物质基础，充分满足人类物质财富需求，生态系统的生产者、消费者和分解者之间高效协调的经济形态。因青岛市水资源利用强度已经非常大，多数注入胶州湾的河流经常处于断流状态，湿地水量严重不足。为有效保护胶州湾沿岸湿地，在胶州湾沿岸发展工业应大力倡导生态工业园区建设，在工业生产过程中应该不断提高资源的重复利用率以减少对自然资源的消耗，特别是减少用水量，提高水资源的重复利用率，恢复湿地正常供水量。应该通过关、停、并、转污染物排放不达标企业，改进污水排放管网，污水处理后排海，大大消减污染物入湾量。

发展生态农业，减少农药、化肥施用量，减轻对胶州湾的污染。到2002年，青岛市已经有40 000 hm^2 耕地实现了生态农业生产，占全市耕地总面积的8.7%。全市共建成无公害食品生产基地70处，50种农产品通过了省级无公害产品质量认证，14家企业的31种产品通过了国家绿色食品认证，3家企业通过了有机食品认证。发展生态农业不仅减轻了对湿地的污染，而且有效地提高了青岛市农产品的市场竞争力，使胶州大白菜等一些具有地域特色的传统名牌农产品得到恢复，实现了农业生态效益、经济效益和

社会效益的统一。养殖业方面,应大力推进生态养殖,严格控制滩涂和近海水域养殖密度,提高虾、蟹池养殖饵料的利用率,避免高密度养殖、养殖饵料利用率低等因素造成的胶州湾水域富营养化加重、赤潮灾害发生频率、强度不断增高的趋势。借鉴欧美、日本、东南亚及我国港澳地区的先进经验,在积极保护水鸟资源、恢复湿地环境的前提下,逐渐建立一批以观鸟为主题的生态旅游景点。

3.3.6.9 加强对胶州湾沿岸湿地资源环境的科学研究和依法保护

加强胶州湾环境与资源的监测和科学研究。由青岛市环保局和国家海洋局北海分局共同组成环境监测网,对胶州湾浅海、潮间带、入湾河流及各类污染源进行系统、全面、定期监测和事故性应急监测。利用海监船、海监飞机进行巡航监视和事故性应急监视。有关部门也多次组织资源、环境和开发状况的调查研究,及时为有关管理、决策部门和市民提供胶州湾的环境及资源开发情况。

加强胶州湾环境保护和资源开发的法制建设和执法队伍建设。在坚决贯彻执行国家有关法规的同时,先后颁布实施了《青岛市海域使用管理条例》《青岛市海域使用管理暂行规定》《青岛市海岸带规划管理规定》《青岛市近岸海域环境保护规定》《青岛市海洋渔业管理条例》《青岛市盐业管理规定》《青岛市大沽河管理办法》《青岛市贝类生产质量管理办法》等关于保护胶州湾环境和资源的地方性法规和管理办法。

参考文献

[1] 张绪良,丰爱平,隋玉柱,等.胶州湾海岸湿地维管束植物的区系特征与保护[J].生态学杂志,2006(7):822-827.

[2] 张绪良,王希明,王守强,等.胶州湾滨海湿地春季北迁鸻鹬鸟类多样性及变化[J].湿地科学,2017,15(2):194-199.

[3] 张绪良,谷东起,付炳中,等.胶州湾滨海湿地的水禽多样性特征及保护[J].海洋湖沼通报,2008(3):99-109.

[4] 黄世玫.胶州湾的浮游动物[J].山东海洋学院学报,1983,13(2):43-59.

[5] 刘瑞玉.胶州湾生态学和生物资源[M].北京:科学出版社,1992.

[6] 毕洪生,孙松,孙道元.胶州湾大型底栖生物群落的变化[J].海洋与湖沼,2001,32(2):132-138.

[7] 曾晓起,朴成华,姜伟,等.胶州湾及其邻近水域渔业生物多样性的调查研究[J].中国海洋大学学报,2004,34(6):997-982.

[8] 于海燕，李新正，李宝泉，等．胶州湾大型底栖动物生物多样性现状［J］．生态学报，2006，26（2）：416－422．

[9] 杨东方，高振会，马媛，等．胶州湾环境变化对海洋生物资源的影响［J］．海洋环境科学，2006，25（4）：39－42．

[10] 孙松，周克，杨波，等．胶州湾浮游动物生态学研究Ⅰ．种类组成［J］．海洋与湖沼，2008，39（1）：1－8．

[11] 孙松，李超伦，张光涛，等．胶州湾浮游动物群落长期变化［J］．海洋与湖沼，2011，42（5）：625－631．

[12] 杨世民，王丽莎，石晓勇．2009年夏季胶州湾同步调查浮游植物群落结构特征［J］．海洋与湖沼，2015，46（1）：102－108．

[13] 石晓勇，王丽莎，杨世民．2010年冬季胶州湾浮游植物群落结构特征［J］．海洋与湖沼，2015，46（2）：357－364．

[14] 罗璇，孙晓霞，郑珊，等．2011年胶州湾网采浮游植物群落结构及其环境影响因子［J］．海洋与湖沼，2016，47（5）：915－923．

[15] 赵永芳，赵增霞，孙晓霞．1997—2010年胶州湾水体营养盐结构及浮游植物生长限制因子数据集［J］．中国科学数据（中英文网络版），2020，5（1）：27－36．

4 胶州湾滨海湿地的景观格局特征及变化

4.1 景观生态学的基本概念

4.1.1 景观

景观(Landscape)一词最早出现在希伯来文的《圣经》旧约全书中,其含义为自然风光、地面形态、风景画面等。"景"相当于"风景、景色、景致","观"表达了观察者的感受。19世纪初期,德国著名地理学家洪堡(A. V. Humboldt)最早提出景观作为地理学的中心问题,探索原始自然景观转化为人类文化景观的过程。景观概念被引入地理学后,具有地表可见景象的综合与某个限定性区域的双重含义。景观是一个由不同的土地单元镶嵌组成,具有明显视觉特征的地理实体,是处于生态系统之上、大地理区域之下的中间尺度,兼具经济、生态和文化的多重价值(肖笃宁,1997)。

德国生物地理学家特罗尔(Carl Troll)将景观概念引入生态学,希望将地理学家表示空间的"水平"分析方法和生态学家表示功能的"垂直"分析方法结合起来。此后,景观作为生态系统尺度之上的一个空间单元,被越来越多的研究者认识。

1863年,美国景观建筑学家Q1msted将景观引入建筑学,提出景观建筑(Landscape Architecture)的概念,并在纽约中央公园的设计和建造中提出了建设城市公园绿地系统的思想;20世纪60年代中期,以美国为中心开展了"景观(风景)评价"研究;20世纪80年代,以Smyser和Hough为代表的景观建筑学家将生态思想与景观设计相结合,丰富和发展了景观建筑学。

4.1.2 景观的类型

Forman根据景观塑造过程中人类影响的程度,将景观分为原始的热带雨林、泰加林、高山苔原等自然景观，城市景观、工程景观、旅游地风景园林景观等经营景观（managed landscape）和人工景观（man-made landscape），经营景观又可分为采伐林地、刈草场、放牧场、定期收获的芦苇塘等人工自然景观，农田、果园等人工经营景观（农耕景观）。

4.1.3 景观的构成

景观由斑块、廊道和基质组成，斑块—廊道—基质的组合是最常见、最简单的景观空间格局构型。

4.1.3.1 斑块（拼块、拼块体、嵌块体、镶嵌体）

斑块是外观上不同于周围环境的非线性地表区域，是组成景观的基本要素/基本单元，斑块是物种栖息地、扩散源（汇）。由于成因不同，斑块的大小、形状及外部特征各异。

斑块内部性质应该是均匀的，但这取决于研究的尺度。景观的各种性质是由斑块反映出来的，对景观的异质性、动态、功能等的研究，实质上就是对斑块的性质、分布、组合及动态、功能的研究。斑块的大小取决于研究的尺度，一般景观生态类型制图的最小图斑面积为 4 mm^2，实际斑块面积大小取决于制图比例尺。斑块形状对生物、非生物流动有巨大意义，斑块形状多采用其周长与面积的比值衡量。

根据成因，构成景观的斑块分干扰斑块、残存斑块、资源环境斑块和引进斑块 4 类。

干扰斑块：干扰斑块是由基质内的局部干扰引起的，如森林局部火烧的区域、洪水淹没区等。

残存斑块：局部基质未受到干扰形成的残存斑块，干扰消失后在自然界同化作用下很快就会融合在基质内，如火烧后留下的小片植被等。

资源环境斑块：景观内资源环境分布不均匀形成的斑块，较稳定，抗干扰能力强，如沙漠中的绿洲、平原湖泊、海洋中的岛屿等。

引进斑块：在自然基质内引进的人工斑块，是在人类投入负熵的作用下存在的，如水库、农田、城镇等。

4.1.3.2 廊道

廊道是不同于两侧基质的狭长地带，廊道即可以呈隔离的条状，也可以与两侧的基质、斑块呈过渡性连续分布。廊道是斑块的一种特殊形式，高速公路、传输电缆、河流、树篱等形式的廊道比较常见。目前没有公认的区别廊道与斑块的定量标准,一般长宽比至少在10~20倍以上的且分割景观的斑块,可以认为是廊道。廊道具有物种迁移和过滤的作用,也可能是人类及其物资的运输通道。

廊道按照形成原因分为人工廊道和自然廊道;按照功能分为输水廊道(沟渠)、物流廊道(道路)、防御廊道(城墙)、信息廊道、河流廊道等;按照形态分为直线性廊道、树枝状廊道;按照宽度分为线状廊道、带状廊道。

4.1.3.3 基质

基质是景观中面积最大、连接性最好的景观要素类型,如大片草原、沙漠、森林等都属于景观中的基质,而草原中的居民点、沙漠里的绿洲、森林里的小片空地则属于斑块,河流、道路等属于廊道。判定基质的标准有相对面积、连接度和动态控制,基质与斑块是相对的,景观中相对面积大于50%的斑块就是基质,景观中如果某一线状或带状要素连接较完好也可以认为是基质,景观中某一要素对景观动态控制程度较其他要素类型更大也可以认为是基质。

几乎所有的斑块、基质都被廊道分割,又被廊道联系在一起。

4.1.4 景观格局及其变化

景观变化包括某一景观要素的穿孔、分割、破碎化、缩小和消失等。景观格局是指景观总体中类型、大小、形状不同的斑块的空间排列形式,是景观异质性的重要表现,也是生态系统各种生态过程在不同空间尺度上作用的结果。景观格局变化一般是自然因素或人为因素干扰的结果。

景观格局分析是景观生态学研究的核心内容之一。滨海湿地的景观格局特征及变化对湿地生态系统的稳定性、抗干扰能力、被干扰后的恢复能力、生物多样性水平等有显著影响。近年来,国内学者对辽河三角洲、黄河三角洲、辽东湾、莱州湾南岸、苏北盐城粉砂淤泥质海岸、福建洛阳江口红树林湿地等滨海湿地的景观格局特征及变化进行了日益深入的研究,这一领域的研究多关注滨海湿地景观格局的特征、变化过程及其驱动力等方面。从湿地退化的角度对滨海湿地的景观格局变化过程及其驱动力和累积环境效应的综合研究还比较薄弱,有待加强。

4.2 胶州湾滨海湿地的景观格局变化

4.2.1 胶州湾滨海湿地类型及退化趋势

胶州湾北部、西北部沿岸现存滨海湿地约 43 000 hm^2，参考《Ramsar 湿地公约》的湿地类型划分方案及有关国内滨海湿地分类研究成果，根据湿地陆—海相互作用的相对强度、地貌部位及受人类活动影响的程度，胶州湾滨海湿地可分为潮下带湿地、潮间带湿地、潮上带湿地、河流和河口湿地和人工湿地 5 个湿地类，潮下带近海湿地、潮间带滩涂湿地、砾石滨海湿地、砂砾质滨海湿地、砂质滨海湿地、河口湾和河口三角洲湿地、永久性河流、季节性河流、水库和塘坝、养殖池塘、盐田、湿地公园（人工湿地）12 个湿地型。

近 50 年来，中国滨海湿地发生了严重退化。由于围垦、港口和道路建设，污染、气候变化、海面上升、海岸侵蚀、入海河流径流量和输沙量减少等原因我国大约 1.19×10^6 hm^2 潮间带滩涂湿地消失，占用了其他类型的滨海湿地约 1.00×10^6 hm^2，两者累计 2.19×10^6 hm^2，约占我国滨海湿地的 50%。胶州湾滨海湿地是中国北方重要的滨海湿地分布区之一，近年来胶州湾滨海湿地发生了严重退化和景观格局显著改变。研究近年来胶州湾滨海湿地的景观格局变化过程及其驱动因素、环境效应，对于深入认识胶州湾滨海湿地退化，保护、恢复和重建胶州湾滨海湿地具有重要意义。

4.2.2 数据处理与分析方法

4.2.2.1 数据来源与处理方法

在对胶州湾滨海湿地进行实地调查的基础上，利用遥感技术（RS）和地理信息系统技术（GIS），以 1986 年、1995 年 Landsat 5 卫星和 2010 年 Landsat 7 卫星的 TM4、TM3 和 TM2 波段原始数据作为量化信息源，用 EARDAS IMAGINE 8.5 软件合成了最小分辨率为 30 m 的假彩色合成影像。参考 1974 年版 1∶50 000 地形图对影像进行监督分类和初步目视解译后，用 MapInfo6.0C 软件编制了 1986 年、1995 年和 2010 年胶州湾滨海湿地景观类型图（图 4-1）。由于 Landsat 系列卫星的 TM 遥感影像光谱分辨率和空间分辨率限制，合成的假彩色影像不能有效区分上述 8 种自然湿地类型，所以将

4 胶州湾滨海湿地的景观格局特征及变化

这些湿地类型合并为潮间带滩涂湿地、河流与河口湿地、潮上带湿地、养殖池塘、盐田、湿地公园（狭义的人工湿地）等6种湿地景观类型。在上述景观类型图中提取了各湿地景观类型的属性数据。

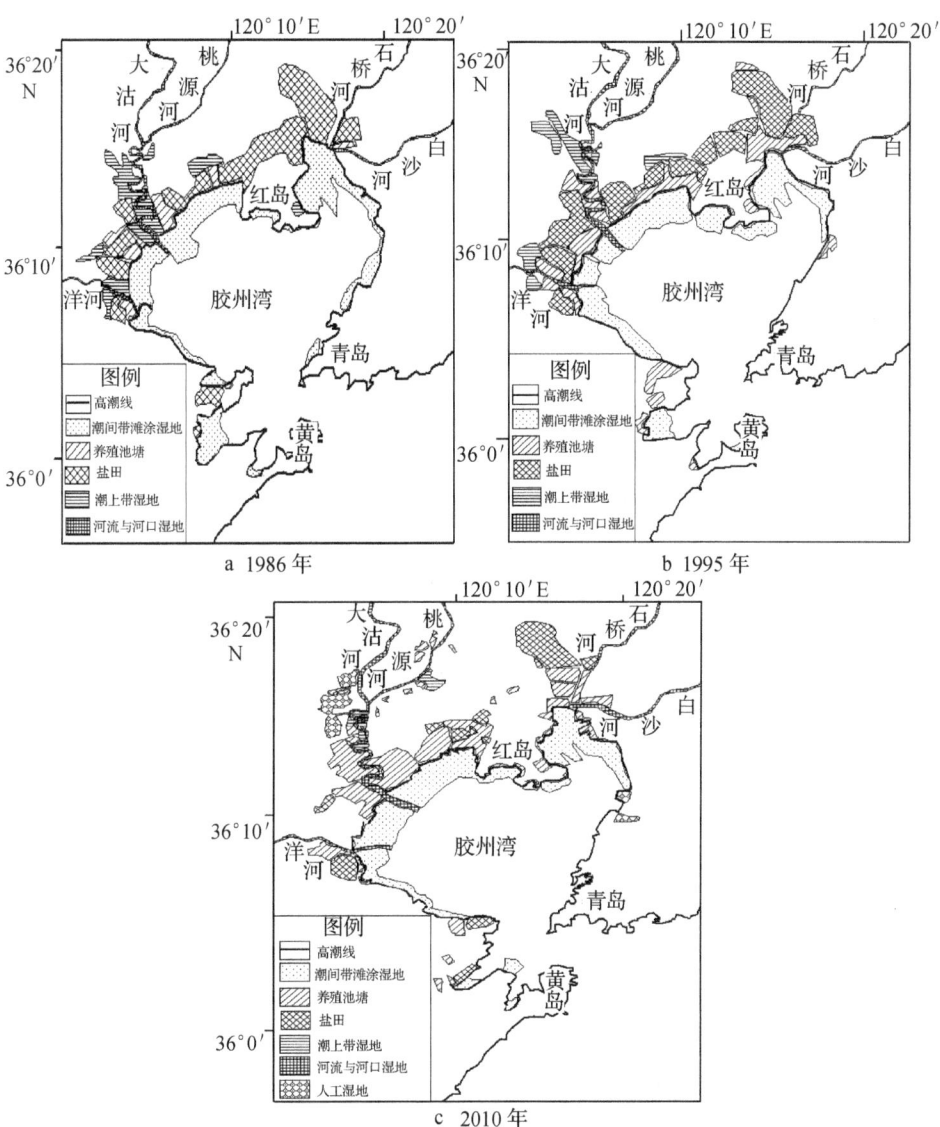

图4-1 1986年、1995年和2010年胶州湾滨海湿地景观类型

4.2.2.2 景观格局分析方法

斑块动态度指数、斑块密度指数、景观多样性指数、斑块破碎化指数等景观格局指数包含景观空间格局信息，反映了景观结构和景观要素空间配置基本特征，适宜用于景观格局及变化分析。已有研究应用的景观格局指数非常多，但在具体的研究案例中，并非所有景观格局指数都有指示意义。所以选取上述 4 个景观格局指数分析胶州湾滨海湿地的景观格局变化特征。

（1）斑块动态度指数（WD）

斑块动态度指数是以%表示的不同景观类型面积或斑块数量的年均变化速率。计算斑块动态度指数的公式为：

$$WD = \frac{U_b - U_a}{U_a} \times \frac{1}{t} \times 100\%, \quad (4-1)$$

式中，WD 为斑块动态度指数，U_a 为某类斑块的起始年总面积（hm^2），U_b 为该类斑块终结年总面积（hm^2），t 为计算时段持续的年数。当分析滨海湿地斑块数变化速率时，WD 为滨海湿地斑块数动态度指数，U_a 为滨海湿地景观起始年的斑块数，U_b 为滨海湿地景观终结年的斑块数，t 为测算时段持续的年数。

（2）斑块密度指数（PD）

在景观格局分析中，斑块密度指数指景观总体中某一类斑块的个数与该类斑块的总面积的比值。计算斑块密度指数的公式为：

$$PD_i = N_i / A_i, \quad (4-2)$$

式中，PD_i 为景观中第 i 类斑块的密度，N_i 为景观中第 i 类斑块的斑块数，A_i 为景观中第 i 类斑块的总面积（hm^2）。斑块密度指数主要反映景观的破碎化程度，一般斑块密度指数越大，景观的破碎化程度就越高。斑块密度指数与物种保护高度相关，许多湿地珍稀濒危物种要求大面积自然斑块，随着景观的破碎化程度增大和原生性质的自然斑块面积缩小，一些珍稀濒危生物适宜生存的生境面积就减小了，这直接影响珍稀濒危生物等物种的繁殖、迁移、扩散与保护。

（3）景观多样性指数（H）

景观多样性指数表达景观中斑块类型的多样性，其数值大小反映斑块类型的多少和各类斑块占景观总面积的比例差异。当一个区域景观中只有一类斑块时，景观是均质性景观，H 值为 0；当该区域有 2 种或 2 种以上斑块，且各类斑块占景观总面积的比例相等时，该区域的景观多样性指数值最大；

4 胶州湾滨海湿地的景观格局特征及变化

当多种斑块共存且各类斑块面积占景观总面积的比例差异增大时,该区域的景观多样性指数值下降。计算景观多样性指数的公式为:

$$H = -\sum_{k=1}^{m}(P_k)\log_2(P_k), \quad (4-3)$$

式中,H 为景观多样性指数,P_k 是第 k 类斑块所占景观总面积之比,m 是研究区域景观类型数。

(4)斑块破碎化指数(FN)

斑块破碎化指数表达基质或某一类斑块的破碎化程度。计算斑块破碎化指数的公式为:

$$FN = MPS(N_f - 1)/N_c, \quad (4-4)$$

式中,FN 代表景观基质或某一类斑块的斑块破碎化指数,其域值为 [0,1];N_c 为基质或斑块总面积;MPS 是景观中基质或斑块的平均斑块面积;N_f 为斑块数。

(5)胶州湾滨海湿地景观中斑块的空间属性数据提取方法

利用 Mapinfo 6.0C 空间分析软件、研究区域假彩色合成影像,绘制了 1986 年、1995 年和 2010 年 3 年的胶州湾滨海湿地景观类型图,利用屏幕数字化方法提取了该区域的滨海湿地基质、廊道和斑块空间属性数据(表 4-1 至表 4-3)。

表 4-1 1986 年胶州湾滨海湿地景观的斑块属性数据

景观或斑块类型	全部斑块面积/hm²	所有斑块总周长/km	斑块数量/个
潮间带滩涂湿地	9607.68	160.83	12
养殖池塘	951.48	35.99	7
盐田	5858.29	111.96	10
潮上带湿地	1733.28	81.24	10
河流与河口湿地	1071.60	153.78	4
合计	19 222.33	543.80	43

表 4-2 1995 年胶州湾滨海湿地景观的斑块属性数据

景观或斑块类型	全部斑块面积/hm²	所有斑块总周长/km	斑块数量/个
潮间带滩涂湿地	6459.17	118.59	9
养殖池塘	3780.96	136.40	19

续表

景观或斑块类型	全部斑块面积/hm²	所有斑块总周长/km	斑块数量/个
盐田	5806.40	112.98	11
潮上带湿地	1485.04	56.43	7
河流与河口湿地	1275.52	143.93	4
合计	18 807.09	568.33	50

表4-3 2010年胶州湾滨海湿地景观的斑块属性数据

景观或斑块类型	全部斑块面积/hm²	所有斑块总周长/km	斑块数量/个
潮间带滩涂湿地	5897.27	125.83	9
养殖池塘	5198.27	189.63	36
盐田	2391.19	57.50	10
潮上带湿地	357.18	20.89	6
河流与河口湿地	1555.30	148.44	4
人工湿地	877.04	33.13	5
合计	16 276.25	575.42	70

4.2.3 1986—2010年胶州湾滨海湿地景观格局的变化分析

4.2.3.1 胶州湾滨海湿地斑块面积、斑块动态度指数变化

利用1986年、1995年和2010年胶州湾滨海湿地各类斑块及景观整体的属性数据和式（4-1）计算了1986—1995年、1995—2010年2个时段胶州湾滨海湿地各类湿地斑块的面积动态度指数和斑块数动态度指数（表4-4和表4-5）。

1986—1995年，胶州湾滨海湿地景观中潮间带滩涂湿地和潮上带湿地2类自然湿地景观的斑块面积略减少，潮间带滩涂湿地、潮上带湿地的斑块面积动态度指数分别为-3.64%、-1.59%，斑块数动态度指数分别为-2.78%、-3.33%。2种湿地景观斑块的面积动态度指数、斑块数动态度指数的差异表明：1986—1995年胶州湾滨海湿地中潮上带湿地斑块的面积减小速率小于斑块数减少速率，潮间带滩涂湿地斑块的面积减小的速率大于斑块数减少的速率；河流与河口湿地斑块面积略增加，斑块数未变，面积动

4 胶州湾滨海湿地的景观格局特征及变化

表 4-4 1986—1995 年胶州湾滨海湿地各类斑块的斑块数动态度指数和面积动态度指数

斑块/景观	潮间带滩涂湿地		养殖池塘		盐田		潮上带湿地		河流与河口湿地		景观整体	
	斑块数/个	面积/hm²	斑块数/个	面积/hm²	斑块数/个	面积/hm²	斑块数/个	面积/hm²	斑块数/个	面积/hm²	斑块数/个	面积/hm²
1986年	12	9607.68	7	951.48	10	5858.29	10	1733.28	4	1071.60	43	20466.28
1995年	9	6459.17	19	3780.96	11	5806.40	7	1485.04	4	1275.52	50	8807.09
增减量	-3	-3148.51	12	2829.48	1	-51.89	-3	-248.24	0	203.92	7	1659.19
动态度指数	-2.78%	-3.64%	19.05%	33.04%	1.11%	-0.10%	-3.33%	-1.59%	0	2.11%	1.81%	-0.90%

表 4-5 1995—2010 年胶州湾滨海湿地各类斑块的斑块数动态度指数和面积动态度指数

斑块/景观	潮间带滩涂湿地		养殖池塘		盐田		潮上带湿地		河流与河口湿地		景观整体	
	斑块数/个	面积/hm²	斑块数/个	面积/hm²	斑块数/个	面积/hm²	斑块数/个	面积/hm²	斑块数/个	面积/hm²	斑块数/个	面积/hm²
1995年	9	6459.17	19	3780.96	11	5806.40	7	1485.04	4	1275.52	50	18807.09
2010年	9	5897.27	36	5198.27	10	2391.19	6	357.18	4	1555.30	70	16276.25
增减量	0	-561.90	17	1417.31	-1	-3415.21	-1	-1127.86	0	279.78	20	-2530.84
动态度指数	0	-0.58%	5.96%	2.50%	-0.61%	-3.92%	-0.95%	-5.06%	0	1.46%	2.67%	-0.90%

· 97 ·

态度指数为 2.11%，说明河流与河口湿地空间分布格局无显著变化；人工湿地斑块中，养殖池塘的斑块数量和面积都有大幅增加，盐田斑块的面积保持基本稳定，但斑块数量增加，养殖池塘的斑块数动态度指数和斑块面积动态度指数分别为 19.05%、33.04%，说明该时段养殖池塘的面积增长率高于斑块数增长率，盐田斑块的斑块数动态度指数为 1.11%；湿地景观总体的斑块动态度指数和面积动态度指数分别为 1.81% 和 -0.90%，说明胶州湾滨海湿地景观总体的斑块数增多，但面积却略有减少。

1995—2010 年，胶州湾滨海湿地景观中潮间带滩涂湿地斑块和潮上带湿地斑块面积继续减少，但与 1986—1995 年相比，潮间带滩涂湿地斑块面积减小速率下降，潮上带湿地斑块面积减小速率上升，潮间带滩涂湿地、潮上带湿地的斑块面积动态度指数分别为 -0.58%、-5.06%，斑块数动态度指数分别为 0、-0.95%，这说明 1995—2010 年胶州湾滨海湿地景观中潮间带滩涂湿地、潮上带湿地斑块面积减小的速率大于斑块数量减少的速率。对河流与河口湿地而言，斑块面积继续增大，其面积动态度指数为 1.46%，与 1986—1995 年相比，河流与河口湿地的斑块面积动态度指数减小了，河流与河口湿地斑块增大速率降低了。人工湿地斑块中，养殖池塘的斑块数和斑块总面积都有较大幅增加，按斑块面积和斑块数量计算，养殖池塘的面积动态度指数和斑块数动态度指数分别为 2.50%、5.96%，盐田斑块面积和数量基本保持稳定，其面积动态度指数和斑块数量动态度指数分别为 -3.92%、-0.61%。1995—2010 年，胶州湾滨海湿地景观中各类斑块的总斑块数明显增加，但总面积却略减小，景观整体的斑块数动态度指数和斑块面积动态度指数分别为 2.67%、-0.90%。胶州湾滨海湿地的自然湿地景观、人工湿地景观和景观整体的斑块动态度指数表明，1995—2010 年胶州湾滨海湿地中，自然湿地的潮间带滩涂湿地、潮上带湿地持续退化，河流与河口湿地维持或略有发育，人工湿地景观中养殖池塘的建设速度较快，盐田斑块的面积保持基本稳定，湿地景观整体上有继续退化趋势，斑块总面积减小、总数增多。

4.2.3.2 胶州湾滨海湿地斑块密度指数变化

1986—1995 年，胶州湾潮上带湿地、河流与河口湿地 2 种自然湿地斑块密度指数稍减小，表明虽然这 2 类自然湿地斑块面积萎缩了，但景观破碎化程度降低了，潮间带滩涂湿地面积萎缩、斑块数量减少，景观破碎化程度增大；养殖池塘、盐田面积增大，其中养殖池塘斑块密度指数显著减小、盐

4 胶州湾滨海湿地的景观格局特征及变化

田的斑块密度指数稍增大；湿地景观整体斑块密度指数增大，这些变化主要是潮间带滩涂湿地斑块面积显著减小和盐田、养殖池塘这2类人工湿地斑块的数量增多的结果。1995—2010年，胶州湾滨海湿地的潮上带湿地、潮间带滩涂湿地的斑块面积减小，斑块密度指数增大；河流与河口湿地斑块面积继续增大，斑块密度指数减小；盐田和养殖池塘2种人工湿地斑块密度指数大幅增大。此外，由于2008年在胶州市东郊大沽河河口附近滞洪区建设少海国家湿地公园，胶州湾滨海湿地中2010年又增加了人工湿地这种狭义的人工湿地景观类型。总体而言，由于自然湿地面积萎缩、人工湿地建设，1995—2010年胶州湾滨海湿地景观斑块密度指数继续增大（表4-6）。

表4-6 1986年、1995年和2010年胶州湾滨海湿地的斑块密度指数

单位：个/hm²

年份	潮间带滩涂湿地	养殖池塘	盐田	潮上带湿地	河流与河口湿地	湿地公园	景观整体
1986	0.0012	0.0074	0.0017	0.0058	0.0037	—	0.0021
1995	0.0014	0.005	0.0019	0.0047	0.0031		0.0027
2010	0.0015	0.0069	0.0042	0.0168	0.0026	0.0057	0.0043

4.2.3.3 胶州湾滨海湿地景观多样性指数变化

1986—2010年，胶州湾滨海湿地景观整体的多样性指数持续增大，1986—1995年由1.7593增至2.0708，到2010年进一步增至2.1346。这表明，随着潮上带湿地斑块、潮间带滩涂湿地斑块的面积缩小，养殖池塘、盐田等人工湿地斑块面积增大，胶州湾滨海湿地景观中各类湿地斑块的面积相对比例差别持续减小，总体景观多样性升高但均质化水平下降。

4.2.3.4 胶州湾滨海湿地斑块破碎化指数变化

利用式（4-4）计算1986年、1995年和2010年胶州湾滨海湿地中各类斑块及景观整体斑块破碎化指数（表4-7）。计算结果表明：1986—2010年，胶州湾滨海湿地中潮上带湿地、潮间带滩涂湿地面积持续减小、斑块数减少，导致这2种湿地斑块的斑块破碎化指数不断降低；河流与河口湿地虽然面积不断扩大，但斑块数维持不变，因此斑块破碎化指数不变；人工湿地景观中，养殖池塘面积不断增加，斑块数量也不断增多，斑块破碎化指数不断增大，盐田斑块面积萎缩，但斑块数保持基本稳定，斑块破碎化指数大致

未变；国家湿地公园为主的人工湿地斑块破碎化指数比其他人工湿地斑块指数低，接近自然湿地斑块的斑块破碎化指数。1986—2010 年，胶州湾滨海湿地景观总面积基本保持稳定，但由于人工湿地斑块面积增大、斑块数增多，因此虽然自然湿地斑块面积减小、斑块数量减少，胶州湾滨海湿地景观整体的斑块破碎化指数却不断增大。

表 4-7 1986 年、1995 年和 2010 年胶州湾滨海湿地的斑块破碎化指数

年份	潮间带滩涂湿地	养殖池塘	盐田	潮上带湿地	河流与河口湿地	湿地公园	景观整体
1986	0.9167	0.8571	0.9000	0.9000	0.7500	—	0.9767
1995	0.8889	0.9474	0.9091	0.8571	0.7500	—	0.9800
2010	0.8889	0.9722	0.9000	0.8333	0.7500	0.8000	0.9857

4.2.4 1986—2010 年胶州湾滨海湿地景观格局变化的驱动因素

4.2.4.1 围垦与港口、道路与城市建设

围垦是导致胶州湾滨海湿地各类自然湿地斑块面积不断缩小的主要因素之一。近 60 年来，胶州湾先后经历了 20 世纪 50 年代盐田建设、70 年代填湾造陆和 80 年代以后的海水养殖池塘建设及港口、公路和工厂建设等几波填海高潮，湿地总面积、滩涂湿地面积明显缩小。1935—1980 年，胶州湾的总面积由 559 km² 减至 400 km²，到 1992 年进一步减至 388 km²，其中 1935—1980 年，潮间带滩涂湿地面积由 285 km² 减至 142 km²，1986 年减至 96 km²，1992 年更减至 85 km²，面积已不足 1935 年的 1/3。到 2010 年，潮间带滩涂湿地面积仅 5897.27 hm²。潮间带滩涂湿地斑块面积减小引起胶州湾的纳潮量减小，1935—1980 年，胶州湾的纳潮量由 12.667×10^8 m³ 减小到 9.626×10^8 m³，减小了 24.01%；到 1988 年，减少到 9.42×10^8 m³；到 2005 年，进一步减少到 9.02×10^8 m³。潮下带近海湿地斑块面积减小主要由围填海和胶州湾内泥沙淤泥引起。由于不能划分潮下带近海湿地斑块和分析其景观格局变化，所以选用了 1988—2005 年的胶州湾潮下带近海海域面积及变化数据（表 4-8）来说明其变化。

4 胶州湾滨海湿地的景观格局特征及变化

表 4-8 1988—2005 年胶州湾潮下带近海海域的面积变化

年份	1988	1997	2002	2005
面积/hm²	30 527	28 263	27 470	26 956

4.2.4.2 污染加重

污染加重是污染物排放量增大和湿地景观格局变化综合作用的结果,而污染加重也进一步引起胶州湾滨海湿地景观格局变化和湿地植被退化。胶州湾滨海湿地是青岛市胶州湾沿岸入海陆源污染物最终承泄区,由于胶州湾沿岸城市工业的快速发展、海水养殖规模增大、农业集约化程度不断提高,直接或通过河流排入胶州湾的各类陆源污染物越来越多,其中以工业废水形式排放到胶州湾滨海湿地的污染物最多,其次是农业地表径流和灌溉余水、海水养殖废水和大气沉降物。

大量工业废水、农业废水、城市生活污水及海水养殖废水进入胶州湾滨海湿地,导致滨海湿地底质和水体的严重污染,引起湿地景观格局变化、湿地植被退化,胶州湾海水富营养化程度加重,赤潮灾害发生频率增大、程度加重。

4.2.4.3 河流径流量、输沙量减少,海岸侵蚀与海水入侵

由于气候变化,河流上中游水库建设,自胶州湾入海的河流径流量、输沙量不断减小。过去100年,青岛市年均气温升高0.5 ℃,降水有波动,近30~40年降水逐渐变少。1960—1989年青岛市年均降水量619.2 mm,1990—1998年年均降水量562.3 mm。气温升高、降水减少导致河流径流量和输沙量减少。1979年以前,在胶州湾入海的南胶莱河、大沽河、白沙河、墨水河、李村河5条主要河流多年平均年输沙量131.49万t;1979年以后,由于在河流的上中游建设水库为城市工业和居民生活、农田灌溉供水,上述5条河流径流量、输沙量显著减少,1980—1989年年均输沙量为2.825万t,仅为1979年以前年均输沙量的2.15%。

入海河流的径流量、输沙量减少、风暴潮等导致胶州湾滨海湿地的物质能量输入输出不平衡、海岸侵蚀。胶州湾沿岸红石崖—大石头岸段、红岛南岸岸段等地通过长期的海岸侵蚀作用形成了海蚀崖、海蚀柱等海蚀地貌。近几十年来,影响山东半岛海岸侵蚀最强烈的风暴潮有1985年8月16—20日8509号台风风暴潮(青岛近海1/10大波$H_{1/10}$平均波高为9.0 m)、1992年8月31日至9月2日9216号强热带风暴引起的风暴潮(青岛近海1/10大波

$H_{1/10}$平均波高为 5.9 m)、1997 年 9711 号台风引发的风暴潮（青岛近海 1/10 大波 $H_{1/10}$ 平均波高为 6.0 m) 等，其中 9216 号强热带风暴形成的风暴潮与天文大潮叠加导致强烈的海岸侵蚀，使胶州湾部分岸段海岸线侵蚀后退达 5 m。

海水入侵是多种自然因素、人为因素引起的。由于入海河流径流量减小、沿海地区超采地下水形成地下水漏斗，海岸带地区地下淡水与海水间的水力平衡受到破坏，海水从海向内陆倒灌导致海水入侵，沿海地区的地下水咸化、土壤盐渍化、滨海湿地自然湿地植被退化。胶州湾沿岸海水入侵大多发生在河流下游地下水枯水区、长期存在的地下水漏斗区。20 世纪 70 年代，在白沙河下游、墨水河下游首先发现海水入侵，之后在大沽河的下游等地也发现了海水入侵，由于降水的减少、在河流上中游建设水库、不合理的盐田建设和滩涂养殖、在河道挖沙等，胶州湾沿岸地区的海水入侵范围不断增大。

4.2.4.4 全球变暖与海面上升

全球变暖是工业革命以来全球变化的一个基本趋势，全球变暖导致海水增温和体积膨胀、极地冰川融化速度加快，引起绝对海面上升。1991 年，美国大气海洋局 Douglas 认为剔除构造运动影响后，过去 100 年全球海面上升平均速率为 1.8 mm/年，联合国教科文组织认为过去的 100 年海面平均上升速度为 1.0~1.5 mm/年，自然资源部海洋预警监测司海面监测与分析数据表明，中国近 40 年沿海海面总体呈波动上升趋势，平均海面上升速率为 3.4 mm/年，高于全球的平均海面上升速率。沿海地区，高强度的人类活动引发的海岸侵蚀、地面沉降等地质灾害日益加重，导致相对海面上升显著加快。

海面上升显著影响滨海湿地，海面上升及引起的海岸侵蚀加剧、海水入侵是滨海湿地退化加速的重要原因。如果不考虑有其他环境要素发生变化，在海面下降或稳定区域及淤积型海岸，滨海湿地将逐渐向海迁移，引起向海湿地化，在海岸侵蚀或海面上升区域，滨海湿地将向陆迁移，引起向陆湿地化。向陆湿地化过程如果受阻，就出现滨海湿地斑块面积萎缩、景观格局变化。

海岸侵蚀、海面上升及风暴潮等海洋灾害对胶州湾滨海湿地的影响和危害越来越严重。胶州湾沿岸地区人口密集、经济发达，各种生产活动驱动着高强度开发利用滨海湿地。在当前海面持续上升、滨海湿地发生向陆湿地化演化过程中，湿地向陆地方向迁移受阻时就会被海水淹没，导致滨海湿地发生景观格局变化、生物群落衰退、植物群落逆向演替。

4.3 胶州湾滨海湿地景观格局变化的环境效应

4.3.1 湿地生物多样性水平下降

4.3.1.1 潮上带湿地植被中高等植物物种多样性下降

近20多年来，胶州湾滨海湿地中除河流与河口湿地外，其他自然湿地斑块面积都在萎缩，湿地土壤的盐渍化程度、湿地景观破碎化程度也不断加重，这引起胶州湾滨海湿地潮上带湿地斑块面积减小、植被退化演替、维管束植物的多样性水平降低。到2010年，胶州湾滨海湿地中以盐角草（*Salicornia europaea*）、碱蓬（*Suaeda glauca*）、獐毛（*Aeluropus littoralis*）、白茅（*Imperata cylindrica*）、中华节缕草（*Zoysia japonica*）、柽柳（*Tamarix chinensis*）等作为建群种的潮上带湿地植物群落仅留存357.18 hm^2。自然湿地植被中，维管束植物仅有35科61属74种。与山东省内的黄河三角洲滨海湿地、荣成朝阳港潟湖湿地、莱州湾南岸滨海湿地等滨海湿地植被相比，胶州湾滨海湿地植被维管束植物种类较少，且目前中华结缕草、珊瑚菜（*Glehnia littoralis*）、单叶蔓荆（*Vitex trifolia*）等国家Ⅱ级、Ⅲ级重点保护植物在湿地中越来越罕见。另外，在胶州湾滨海湿地中，外来有害植物入侵现象也越来越严重。2009年春季，人工引进的大米草、互花米草已在潮间带滩涂湿地形成优势群落，小飞蓬（*Erigeron canadensis*）、小花山桃草（*Gaura parviflora*）、钻叶紫菀（*Aster subulatus*）等外来有害入侵植物也分布在胶州湾滨海湿地的路旁、林下等地。

4.3.1.2 潮间带滩涂湿地、近海的浮游生物、底栖动物、游泳生物多样性水平下降

潮间带滩涂湿地、近海湿地斑块面积萎缩，湿地的水体和底质污染加重等导致浮游植物、浮游动物、鱼、虾、蟹、贝类等生长和繁殖空间大量丧失、种类减少。

浮游植物。从生态类群构成看，胶州湾潮下带近海海水中浮游植物种类、细胞数量占优势的主要为广布种和暖温带种，外洋广温性种、暖水性种等，浮游植物以硅藻、甲藻为主，其中硅藻占绝大多数。钱树本等1977年

2月至1978年1月的调查表明，胶州湾海水中有浮游藻类53属175种3变种和6型。2003年李艳等的调查表明，胶州湾有浮游植物163种，包括48属142种（包括变种）硅藻，8属20种甲藻，1属1种金藻。

浮游动物。胶州湾近海海水中的浮游动物包括广温广盐种、近岸低盐种、外海高盐种、热带暖水种4个类群，主要为近岸低盐种。1977年2月至1978年1月的调查表明，胶州湾海水中有8门12纲27目64科66属116种浮游动物。而2004年进行的为期1年的调查表明，胶州湾有5门6纲17目44科54属81种浮游动物，其中包括37种节肢动物门浮游动物，31种腔肠动物门腔肠动物。

底栖动物。自20世纪60年代以来，污染导致胶州湾东岸潮间带滩涂湿地的生境恶化，生物多样性水平严重下降。在污染最严重的胶州湾东岸，沧口潮间带滩涂湿地的腔肠动物、软体动物、多毛类动物、腕足类动物、甲壳类动物、原索动物、棘皮动物等底栖动物在近50年里种类明显减少。1963—1964年，沧口潮间带滩涂湿地有上述各类动物141种，到1974—1975年大幅下降至30种，到1980—1981年更是下降至17种。随着黄岛经济开发区的建设，自赶岛至张戈庄围滩填海造地大约4 km^2，该岸段原有开阔砂质潮间带滩涂湿地已基本消失，生物种数近乎减半，玉钩虫（*Dolichoglossus hwangtauensis*）这种珍稀动物也已绝迹。自20世纪90年代末以来，由于大规模围填海、环湾公路建设等，胶州湾东岸大部分潮间带滩涂湿地已经消失，底栖生物遭到毁灭性破坏。

鱼类。20世纪30年代初，春、秋季在胶州湾产卵索饵的鱼类达100余种，目前大约仅33种，其中曾经是胶州湾的主要经济鱼类真鲷（*Pagrosomus major*）已基本绝迹。

4.3.1.3 湿地的水禽多样性水平下降

1985年，胶州湾滨海湿地有206种鸟类，目前仅有156种（含140种水禽），其中有21种水禽为被列入《濒危野生动植物种国际贸易公约》名录的国际濒危稀有水禽和国家Ⅰ级、Ⅱ级重点保护水禽。胶州湾滨海湿地水禽多样性水平下降的原因包括：一是围垦导致自然湿地斑块面积萎缩、自然湿地植被退化，水禽栖息地受到严重破坏；二是排放到胶州湾的污染物总量逐年增大，湿地底质和水质污染不断加重，浮游植物、软体动物种类、生物量减少，水禽缺乏食物；三是目前在胶州湾内停泊和捕捞作业的船只有3500多艘，过度捕捞严重破坏了胶州湾的渔业资源，影响了水禽的觅食活动。因此，在胶州湾滨海湿地停歇和觅食的珍稀濒危水禽种类和数量逐年减少，活动范围、驻留时间、驻留性质、活动范围也发生了显著改变，这对亚太地区迁徙鸟类通道安全构成严重威胁。

4.3.2 湿地环境净化功能降低、污染加重

由于输入胶州湾滨海湿地的污染物逐年增多，胶州湾海湾总面积、潮上带湿地、潮间带滩涂湿地面积减小，胶州湾纳潮量减小，加之湾口狭窄（仅约 3 km）使胶州湾内外水体交换受阻，导致滨海湿地降解氮、磷等营养物质和吸收净化重金属等环境净化能力下降，湿地水体和底质污染加重。

1980 年青岛市区 251 家工厂向胶州湾排放了 7015 万 t 工业废水、40.77 t 六价铬、0.02 t 汞、0.01 t 镉、23.61 t 铅、0.25 t 砷、221.64 t BOD、19 430.39 t COD、约 1000 t 无机氮、135.71 t 硫化物、183.13 t 挥发酚、2.57 t 氰化物、0.28 t 有机磷、223.40 t 石油类、17.69 t 锌、6.64 t 铜、107.13 t 氟及 2530.30 t 其他污染物。当时，胶州湾东部的潮间带滩涂湿地污染最严重。20 世纪 80 年代末，环胶州湾及青岛市前海一线 3 类 48 个排污口每年向胶州湾排放废水 15 170.24 万 t，这些废水含氨氮 7205.28 t、COD 102 147.7 t、石油类 5261.03 t、挥发酚 166.07 t、六价铬 239.85 t，东岸向胶州湾排放陆源污染物约占总量的 55%，西岸约占总量的 45%。1999 年，通过大沽河、墨水河、李村河、海泊河、团岛污水处理厂、市政排污口等排放到胶州湾的污水总量增加到 17 358 万 t，废水中含 66 265 t COD、约 11 000 t 无机氮，自胶州湾西岸入海的无机氮约占总量的 56%、东岸约占总量的 44%。

自 20 世纪 60 年代以来，胶州湾水质和底质不断恶化，1962—1998 年潮下带海水中无机氮、无机磷含量不断升高，严重超标。近年来，根据 109 个监测站的水质监测统计，胶州湾的北部、东部 COD 浓度超 II 类海水水质标准，无机氮浓度超 IV 类海水水质标准。胶州湾轻度、中度污染海域已占海域总面积的 3/5，富营养化程度加剧，赤潮灾害日益加重。1990 年 6 月胶州湾内发生 0.09 km^2 赤潮，2001 年 7 月胶州湾口出现近 10 km^2 赤潮，2003 年 7 月胶州湾内又发生大面积赤潮。20 世纪 80 年代前，受青岛市区入海污染物影响，胶州湾东部、北部潮间带底质的重金属污染较重，铅和锌分别超标 1.12 倍和 1.55 倍。

4.3.3 滨海湿地植被发生退化演替

胶州湾滨海湿地自然植被演替主要受距海远近、海水淹没频率和范围、土壤脱盐化程度等因素控制。距海越近的湿地，成土时间就越晚，脱盐化程度越低，土壤的含盐量越高，湿地植被越处于演替初始阶段。因此，土壤含盐量高低及变化是影响胶州湾滨海湿地植被演替的主要因素。潮间带滩涂湿地的中下部常被海水淹没，土壤含盐量可高达约 3%，只有互花米草、大米草能够生存；潮间带滩涂湿地上部的土壤含盐量约为 1%~1.5%，泌盐型肉质盐生植物盐地碱蓬能够存活，盐地碱蓬群落是潮间带滩涂湿地上部裸地最先形成的本土先锋植物群落。由于盐地碱蓬的泌盐作用、淡水对土壤盐分的淋洗，潮间带滩涂湿地上部淤高、土壤含盐量降到 0.7% 以下后，盐地碱蓬群落就演替为獐毛—芦苇群落，獐毛—芦苇群落再演替为白茅群落。随着土壤盐分被继续淋洗，土壤的含盐量下降到 0.5% 以下时，木本植物达呼里胡枝子（Lespedeza davurica）群落开始出现，盐生湿地植物群落演替为木本陆地中生植被（图 4-2）。

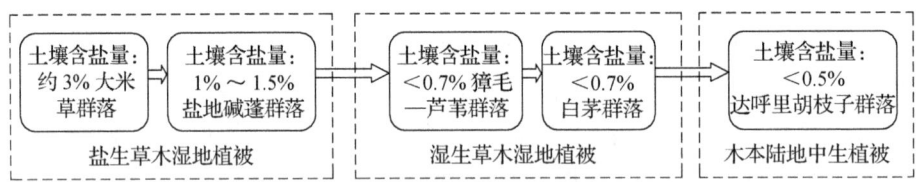

图 4-2　胶州湾滨海湿地的植被退化演替过程

河流入海径流量减少，河流与河口湿地植被发生退化演替。注入胶州湾的一些较大的河流，如大沽河，发育了规模较大的河口平原，河口平原在较强的河流水动力作用下形成了大片生长茂盛的芦苇群落。自 20 世纪 70 年代以来，由于在河流上游建设了一些作为城市水源地的水库，这虽然为雁鸭类水禽提供了栖息地，但水库建成后河流下游径流量却减小了，甚至长时间断流。例如，大沽河多年平均径流量为 $7.08 \times 10^8 \ m^3$，20 世纪 80 年代以后由于流域降水量减少、上游产芝水库引水量增大等原因，产芝水库下游径流量已大大减小，除汛期外一年中大部分时间断流，这导致海洋水动力相对增强，河流与河口湿地土壤含盐量升高，芦苇群落逐渐被盐地碱蓬群落、大米草群落取代，甚至演替为河口光滩湿地。

4.3.4 近海和滩涂渔业资源衰退

胶州湾海域和滩涂渔业资源丰富,近海的主要渔业捕捞对象有鲻鱼、真鲷、鲆鲽、黄姑、鹰爪虾、乌贼、中国对虾等。由于海域和滩涂斑块面积萎缩、水质恶化、赤潮灾害等的影响,胶州湾滨海湿地退化导致渔业资源衰退。1980—1985年,胶州湾近海鱼获种类共109种,20世纪90年代以来鱼获种类减至58种,减少了46.8%,网获量仅约80年代的10%,尤其是真鲷、牙鲆、半滑舌鳎、梭鱼等优质鱼种的渔获量锐减。

20世纪60年代前,中国对虾是胶州湾春季的主要捕捞对象,20世纪70年代由春捕改为秋捕,年捕捞量为2~5 t,80年代秋虾年捕捞量也下降至1~2 t,至1991—1995年8月幼虾网获总尾数减少为6~2682尾。梭子蟹70年代年捕获量为20 t左右,80年代降至4~5 t,90年代减至1~2 t。20世纪80年代前,胶州湾潮间带滩涂湿地底栖经济贝类菲律宾蛤仔年产量达10万t,因湿地退化其栖息地面积缩小,年产量降至3万~5万t。胶州湾东岸沧口附近双埠村围滩填海约3 km² 建设了发电厂煤粉储灰场后,闻名青岛市的双埠菲律宾蛤仔主要产地几乎不复存在,每年蛤仔减产大约1000 t。

4.3.5 湿地景观格局变化引起湿地生态系统服务价值降低

胶州湾滨海湿地景观格局变化导致湿地生态系统的服务价值降低。据测算,2007年胶州湾滨海湿地平均单位面积养殖池塘或盐田的生态系统服务价值约为4万元/hm²,平均各类自然湿地单位面积的生态系统服务价值为8万元/hm²,其他滨海湿地的生态系统服务价值研究表明,单位面积自然湿地生态系统服务价值要比单位面积人工湿地生态系统服务价值高。1986—2010年,胶州湾滨海湿地的面积不断萎缩,尤其是自然湿地斑块的面积减少更快,因此,胶州湾滨海湿地生态系统服务价值降低,但其中间接使用价值和非使用价值降低,直接使用价值可能升高,这主要是直接经济效益较高的海水养殖池塘面积扩大的结果。

4.3.6 结论与讨论

1986—2010年,胶州湾滨海湿地的总面积减少,面积减小速率越来越快。自然湿地景观中,除河流与河口湿地稍增大外,潮间带滩涂湿地和潮上带湿地斑块面积减小、斑块数减少,人工湿地景观中养殖池塘斑块的面积增大、斑块数量增多,盐田斑块的面积减小、斑块数保持基本不变,但增加了国家湿地公园这种新人工湿地景观。相应出现了斑块密度指数、景观多样性指数和斑块破碎化指数增大等景观格局变化。胶州湾滨海湿地景观格局变化是由全球变暖、海面上升、海水入侵、海岸侵蚀、入海河流的径流量及输沙量减少、围填海、城市化、道路和港口建设等自然因素、人为因素引起的。胶州湾滨海湿地的景观格局变化引起了湿地生态系统的服务价值降低、生物多样化水平下降、有害外来物种入侵、湿地的环境净化功能下降、污染和赤潮灾害加重、湿地植被退化、渔业资源衰退等环境效应。

虽然入海河流径流量、输沙量减少,但河流与河口湿地斑块面积却稍有增大。一方面可能是该类斑块面积属性数据提取出现了误差;另一方面可能有的年份洪水导致河道剧烈侧蚀和摆动。

为减轻胶州湾滨海湿地景观格局变化导致的不利环境效应,应采取建设湿地自然保护区、控制养殖池塘和盐田等人工湿地斑块的规模、发展工业循环经济、生态农业以减少河流水资源消耗和减轻污染等保护湿地措施。

参考文献

[1] 王仰麟. 格局与过程:景观生态学的理论前沿 [M]. 北京:中国科学技术出版社,1995.

[2] 傅伯杰. 黄土区农业景观空间格局分析 [J]. 生态学报,1995,15 (2):113-120.

[3] 郑彩红,曾从盛,陈志强,等. 闽江河口区湿地景观格局演变研究 [J]. 湿地科学,2006,4 (1):29-35.

[4] 张东水,兰樟仁,李铮,等. 基于ComGIS的闽江口湿地时空演变分析系统 [J]. 湿地科学,2007,5 (3):221-226.

[5] 张明祥,董瑜. 双台河口自然保护区濒海湿地景观变化及其管理对策研究 [J]. 地理科学,2002,22 (1):119-122.

[6] 丁亮,张华,孙才志. 辽宁省滨海湿地景观格局变化研究 [J]. 湿地科学,2008,6 (1):7-12.

[7] 张绪良,张朝晖,徐宗军,等. 莱州湾南岸滨海湿地的景观格局变化及累积环境效应 [J]. 生态学杂志,2009,28 (12):2437-2443.

[8] 蒋卫国,李京,王文杰,等. 基于遥感与GIS的辽河三角洲湿地资源变化及驱动力分析 [J]. 国土资源遥感,2005,16 (3):62-65.

[9] 肖笃宁,李晓文,王连平. 辽东湾滨海湿地资源景观演变与可持续利用 [J]. 资源科学,2001,23 (2):31-36.

4 胶州湾滨海湿地的景观格局特征及变化

[10] 李伟,崔丽娟,张曼胤,等.福建洛阳江口红树林湿地及周边地区景观变化研究 [J].湿地科学,2009,7 (1):53-59.

[11] 丁晶晶,王磊,季永华,等.江苏省盐城海岸带湿地景观格局变化研究 [J].湿地科学,2009,7 (3):202-207.

[12] 谷东起,赵晓涛,夏东兴.中国滨海湿地退化压力因素的综合分析 [J].海洋学报,2003,25 (1):78-85.

[13] GU D Q, ZHAO X T, XIA D X. A syetemic analysis of the environmental pressure factors to the degradatin of coastal wetlands in China [J]. Acta Oceanologica Sinica, 2003, 25 (1): 78-85.

[14] 杨东方,高振会,马媛,等.胶州湾环境变化对海洋生物资源的影响 [J].海洋环境科学,2006,25 (4):39-42.

[15] 中国海湾志编纂委员会.中国海湾志:第四分册 [M].北京:海洋出版社,1993.

[16] 赵焕庭,王丽荣.中国滨海湿地的类型 [J].海洋通报,2000,19 (6):72-82.

[17] 陆健健.中国湿地 [M].上海:华东师范大学出版社,1990.

[18] SHANNON C E, WIENER W. The mathematical theory of communication [M]. Urbana: University of Illinois Press, 1949.

[19] 张绪良,夏东兴.滨海湿地退化对胶州湾渔业和生物多样性保护的影响 [J].海洋技术,2004,23 (2):68-70,85.

[20] 马妍妍.基于遥感的胶州湾湿地动态变化及质量评价 [D].青岛:中国海洋大学,2006.

[21] 王修林,李克强,石晓勇.胶州湾主要化学污染物海洋环境容量 [M].北京:科学出版社,2006.

[22] 李乃胜,于洪军,赵松龄,等.胶州湾自然环境与地质演化 [M].北京:海洋出版社,2006.

[23] 常美桂,胡基福,鄢利农.95年来青岛市气候变化的分析 [J].青岛海洋大学学报(自然科学版),1995,25 (3):295-300.

[24] 王文海,吴桑云.山东省海岸侵蚀灾害研究 [J].自然灾害学报,1993,2 (4):60-66.

[25] 夏东兴,武桂秋,杨鸣.山东省海洋灾害研究 [M].北京:海洋出版社,1999.

[26] 青岛市史志办公室.青岛市志:自然地理志/气象志 [M].北京:新华出版社,1997.

[27] 王文海,吴桑云,陈雪英.山东省9216号强热带气旋风暴期间的海岸侵蚀灾害 [J].海洋地质与第四纪地质,1994,14 (4):71-78.

[28] DOUGLAS B C. Global sea level rise [J]. Journal of Geophysical Research, 1991

(91)：6891 - 6992.

[29] 自然资源部海洋预警监测司. 2019 年中国海平面公报［A/OL］.［2020 - 05 - 20］. http：//www. nmdis. org. cn/hygb/zghpmgb/2019nzghpmgb/.

[30] 张绪良，丰爱平，隋玉柱，等. 胶州湾滨海湿地维管束植物的区系特征与保护［J］. 生态学杂志，2006，25 (7)：822 - 827.

[31] 李艳，李瑞香，王宗灵，等. 胶州湾浮游植物群落结构及其变化的初步研究［J］. 海洋科学进展，2005，23 (3)：328 - 334.

[32] 黄世玫. 胶州湾的浮游动物［J］. 山东海阳学院学报，1983，13 (2)：43 - 59.

[33] 孙松，周克，杨波，等. 胶州湾浮游动物生态学研究 I. 种类组成［J］. 海洋与湖沼，2008，39 (1)：1 - 8.

[34] 汴淑华，胡泽建，丰爱平，等. 近 130 年胶州湾自然形态和冲淤演变探讨［J］. 黄渤海海洋，2001，19 (3)：46 - 53.

[35] 印萍，路应贤. 胶州湾的环境演变及可持续利用［J］. 海岸工程，2000，19 (3)：14 - 23.

[36] 张绪良，谷东起，付炳中，等. 胶州湾滨海湿地的水禽多样性特征及保护［J］. 海洋湖沼通报，2008 (3)：99 - 109.

[37] 沈志良. 胶州湾营养盐结构的长期变化及其对生态环境的影响［J］. 海洋与湖沼，2002，33 (3)：322 - 331.

[38] 郝建华，霍文毅，俞志明. 胶州湾增养殖海域营养状况与赤潮形成的初步研究［J］. 海洋科学，2000，24 (4)：37 - 41.

[39] 吴耀泉. 胶州湾沿岸带开发对生物资源的影响［J］. 海洋环境科学，1999，18 (2)：38 - 42.

5 胶州湾滨海湿地生态旅游的发展对策

5.1 滨海湿地生态旅游

5.1.1 生态旅游的含义

生态旅游是一种特殊形式的专项旅游,强调以自然为基础,重视生态环境保护、环境教育和社区参与,是一种可持续的旅游形式。生态旅游已经成为全球旅游发展的主要趋势之一。滨海湿地是重要的生态旅游资源,但一些地方开发湿地旅游资源时由于沿袭了传统的旅游资源开发模式,在开发利用滨海湿地生态旅游资源过程中存在着明显的"重开发、轻保护,重经济、轻生态"问题,因发展湿地生态旅游导致湿地受损退化,这背离了发展湿地生态旅游的初衷。因此,在保护滨海湿地资源与生态环境基础上,运用科学的开发模式,可持续地开发滨海湿地的生态旅游资源,已经成为旅游地理、海岸带资源开发与滨海湿地保护等领域研究的重点问题之一。

5.1.2 滨海湿地生态旅游的含义

滨海湿地是海洋与陆地相互作用形成的生态交错带,是具有较高净初级生产力和生物多样性水平的生态系统,具有调节气候、涵养水源、抗御海岸侵蚀、净化入海污染物质、保护生物多样性等多种生态环境功能。

由于滨海湿地具有生态环境特殊和自然景观优美多样的特点,因此,随着生态旅游的发展,其生态旅游价值得到了重视。当前,对滨海湿地生态旅游的研究主要集中在滨海湿地生态旅游资源评价、利用对策及滨海湿地生态旅游发展的经济、社会和生态影响等方面,但对滨海湿地生态旅游的发展模式研究还相对比较薄弱。

根据国内外学者关于生态旅游和湿地旅游的主要观点,滨海湿地生态旅游是指为了了解、体验、欣赏和研究滨海湿地自然景观、野生动植物而开展的既能体验和享受滨海湿地自然景观美感，能实现社区参与，既有利于滨海湿地生态环境保护和环境教育，又有利于促进旅游业可持续发展的旅游活动。

滨海湿地生态旅游具有以下特征：①以滨海湿地自然景观和独特的生态环境为基础，旅游资源以滨海湿地自然景观为主，包括与湿地自然景观和与滨海湿地生态环境相协调的滨海湿地生态文化、海洋文化；②滨海湿地生态旅游是对当地自然与社会文化负责任的旅游，重视对滨海湿地生态环境保护，体现旅游的可持续性；③有社区参与，能得到当地社区居民对湿地生态保护的支持并获得经济收益；④滨海湿地生态旅游是寓教于游的旅游活动，能通过旅游活动让旅游者观赏湿地风光、体验湿地自然环境的魅力，体现旅游的生态环境教育功能。

5.2　滨海湿地生态旅游开发

5.2.1　滨海湿地生态旅游开发的主要内容

滨海湿地生态旅游开发有狭义和广义之分。狭义的滨海湿地生态旅游开发是指对滨海湿地生态旅游资源或旅游产品的开发；广义的滨海湿地生态旅游开发则由规划、建设、管理和监测4个环节组成，不仅要通过滨海湿地生态旅游吸引物的开发而促使旅游者走进生态旅游地观光游览，而且应根据旅游资源、市场和生态旅游的特点与发展需要，实施系统的旅游产品开发、旅游市场开发、生态旅游设施建设、生态文化建设、湿地生态保护与退化湿地生态恢复等（表5-1）。

表5-1　滨海湿地生态旅游开发的要求与措施

开发项目	开发要求	开发措施
滨海湿地保护与退化湿地生态恢复	保护、恢复退化湿地，控制容量，美化景观	建立管理机构，完善管理体制与制度，恢复退化的湿地并进行环境绿化，合理控制湿地旅游区游客容量
滨海湿地生态旅游资源与旅游产品开发	突出特色，强化参与性、专业性	生态旅游资源评价，生态旅游产品开发，生态体验项目设计与旅游活动组织，湿地生态旅游商品开发等

5 胶州湾滨海湿地生态旅游的发展对策

续表

开发项目	开发要求	开发措施
生态旅游设施建设	设施生态化、布局合理化、景观协调化	生态交通设施建设,生态酒店、生态商店、生态厕所等生态建筑建设,生态环保设施的开发建设
生态文化建设	挖掘湿地生态文化内涵,提高旅游的文化含量和景区品位	挖掘、表现、延伸湿地生态文化,开发与湿地自然生态特征相协调的文化景观、文化商品和文化旅游活动
生态旅游市场开发	市场定位准确,主题形象鲜明,促销措施有力	调查分析湿地生态旅游市场、选择合适的目标市场,塑造旅游形象,实施多元化营销,提高市场知名度与影响力
生态技术开发应用	开发旅游服务的应用生态技术,实现湿地生态旅游清洁生产	开发、应用与旅游服务设施相配套的绿色能源、环保技术,实施旅游清洁生产等
旅游支持系统开发	支持系统完善,保障措施有力,促进湿地生态旅游持续发展	完善政策法规,加强环境教育,开发人力资源,培养专业人才,健全解说系统,吸引社区参与,筹措发展资金等

5.2.2 生态旅游开发的特点与模式

5.2.2.1 生态旅游开发的特点

生态旅游与一般观赏旅游、文化体验旅游在开发目标、开发理念和开发措施方面有根本区别。开发目标方面,一般观赏旅游、文化体验旅游以经济发展目标为主,兼顾社会发展目标和环境保护目标,旅游资源、旅游产品开发要使开发商和游客受益;生态旅游则要求在保证实现社会发展和环境保护目标的前提下实现经济发展目标,使经营者、游客和当地社区居民共同受益。开发理念方面,一般观赏旅游、文化体验旅游开发主要考虑市场需求,主要根据市场需求开发旅游资源和旅游产品,为了追求利润最大化,往往对生态环境的干预较大;生态旅游开发则坚持生态环境保护第一,在开发旅游资源、旅游产品时,特别重视保护生态系统的原真性和完整性、重视保护和传承传统文化,选择环境友好型的旅游资源、旅游产品开发模式。开发措施方面,一般观赏旅游、文化体验旅游对旅游资源的开发强度较高,往往过度拓展旅游空间,不有效限制建筑和道路等旅游基础设施建设,采取渲染性的广告宣传;生态旅游则合理限制旅游发展规模,限制景区建设规模、建设强度、游客人数和旅游设施建设,有选择性地满足游客的需求,采取温和适中的广告宣传。

5.2.2.2 生态旅游开发的一般模式

由于存在关注的角度和地域差异,目前对生态旅游开发模式尚未形成统一认识和有效范式。生态旅游从开发导向角度看有传统的"资源"或"客源"一源开发导向模式,"资源+客源"二源开发导向模式,在此基础上形成了生态旅游综合开发导向模式,即在资源型、客源型一源开发导向模式或二源开发导向模式中增加了生态环境保护前提要素,形成了"生态保护+生态旅游资源"、"生态保护+客源"及"生态保护+生态旅游资源+客源"3种生态旅游综合开发导向模式。在不同文化背景下,生态旅游的经营与管理基本模式不同,生态旅游经营与管理的基本模式包括社区参与模式、环境教育模式、生态补偿模式等。

5.2.2.3 滨海湿地生态旅游资源、旅游产品开发

科学的滨海湿地生态旅游资源开发模式、旅游产品开发模式要以滨海湿地生态保护为前提,综合考虑滨海湿地生态旅游资源特点和旅游市场的需求,适度、有选择地开发滨海湿地生态旅游产品。构建合理的滨海湿地生态旅游资源,生态旅游产品开发模式要遵循科学综合规划、生态保护优先、适度开发、强化监管等开发原则,力求实现滨海湿地生态旅游资源、生态旅游产品的可持续开发。通过合理开发滨海湿地生态旅游资源,产出滨海湿地生态观光旅游产品、滨海湿地休闲旅游产品、滨海湿地生态度假旅游产品、滨海湿地养生旅游产品、滨海湿地探险旅游产品、滨海湿地科普旅游产品、滨海湿地传统生态文化体验旅游产品、滨海湿地环境教育旅游产品等生态旅游产品。

5.2.2.4 滨海湿地生态旅游开发过程

滨海湿地生态旅游开发首先要保证湿地的生态安全,要在滨海湿地旅游

5 胶州湾滨海湿地生态旅游的发展对策

容量与生态安全评估基础上,利用科学规划、设计开发、经营管理、生态监测和生态补偿等措施实现开发目标(图5-1)。滨海湿地生态旅游是可持续旅游,在滨海湿地生态旅游开发过程中,为保护好脆弱的滨海湿地生态环境,需要预先对滨海湿地的旅游容量和旅游的生态安全影响进行科学评估;制定湿地生态旅游规划,对经营管理者、游客和当地社区居民进行有效的生态环境教育,遵循生态保护第一原则开发滨海湿地生态旅游资源、旅游产品,适度拓展旅游市场,对科学有效地管理景区生态环境、游客和社区参与旅游经营;加强政策引导和法规约束,吸引社区居民参与开发滨海湿地生态旅游资源、旅游产品;进行系统的生态环境监测和旅游环境影响审计、评估,建立生态环境补偿机制,避免滨海湿地生态环境恶化。

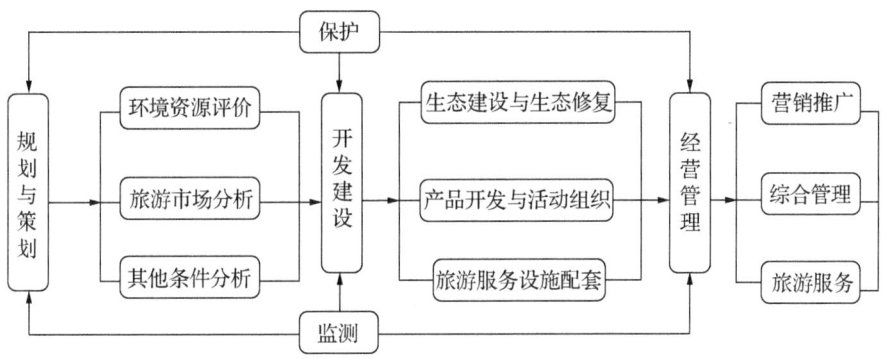

图5-1 滨海湿地生态旅游资源开发模式

5.3 胶州湾滨海湿地生态旅游开发模式

5.3.1 滩涂贝类采捕休闲旅游

胶州湾北部红岛滩涂含适量黑泥的海沙里饵料丰富,适合用于养殖蛤蜊,同时红岛位于胶州湾北侧顶部,风轻浪少,蛤蜊有优良的生长条件。红岛淤泥质滩涂菲律宾蛤仔(红岛蛤蜊)等贝类资源量大、质量好,发展滩涂贝类采捕休闲生态旅游不仅可以使游客获得收获的乐趣、锻炼身体、放松心情,而且可以使养殖贝类的滩涂得到休养生息,使红岛蛤蜊等受到过度采捕的滩涂贝类资源得到恢复。此外,游客也可以在参与休闲旅游过程中增长滩涂养护、贝类生长条件等方面的知识，社区居民通过吸引游客体验渔家生活、开设农家宴增加了收入。

青岛市城阳区位于胶州湾北岸，沿海滩涂面积广阔，多为泥沙质地，水质肥沃，是发展贝类增养殖的优良滩涂区。城阳全区有浅海滩涂约 10 000 hm^2，滩涂贝类资源丰富，已开发利用养殖贝类的滩涂面积约 5000 hm^2，增养殖的贝类年产量约 80 000 t，养殖的贝类有菲律宾蛤仔、毛蚶、缢蛏、竹蛏、太平洋牡蛎、大连牡蛎、褶牡蛎、红螺、泥螺等 10 余种，具有发展滩涂贝类采捕生态旅游的有利条件。

青岛市发展胶州湾滨海湿地生态旅游的一个重要举措就是举办红岛蛤蜊节，红岛蛤蜊节始于 2004 年，2004—2009 年历届红岛蛤蜊节都取得了显著的经济效益、社会效益和环境效益（表 5-2）。红岛蛤蜊节以赶海、耕海、吃海、游海为特色，深受各地游客欢迎。如今，"住海岛渔村，欣赏海岛风光，吃红岛海鲜，感受渔家风俗，体验渔家生活"已成为红岛蛤蜊节最具吸引力的一大特色。红岛蛤蜊节还带动了海产品的深加工和外贸出口，仅 2004 年第一届红岛蛤蜊节，城阳区就签订了深加工海产品出口外贸合同 1200 万美元。

表 5-2　2004—2009 年历届红岛蛤蜊节举办概况

年份	届次	举办时间	游客人数/万人	实现旅游收入/万元
2004	第一届	4 月 29 日至 5 月 7 日	7.5	1000
2005	第二届	4 月 22 日至 5 月 7 日	12.7	2200
2006	第三届	4 月 26 日至 5 月 7 日	21.6	3600
2007	第四届	4 月 29 日至 5 月 8 日	23.7	3700
2008	第五届	4 月 26 日至 10 月 31 日	16.2	2700
2009	第六届	4 月 25 日至 10 月 31 日	16.9	1538
2010	第七届	4 月 23 日至 5 月 3 日		
2011	第八届	6 月 26 日至 7 月 16 日	12.8	1024
2012	第九届	4 月 29 日至 5 月 6 日	16.8	
2013	第十届	4 月 27 日至 5 月 5 日	14.0	3000
2014	第十一届	4 月 25 日至 5 月 3 日	4.1	1600

5 胶州湾滨海湿地生态旅游的发展对策

续表

年份	届次	举办时间	游客人数/万人	实现旅游收入/万元
2015	第十二届	4月29日至5月6日		
2016	第十三届	4月23日至5月8日		
2017	第十四届	4月25日至5月1日		
2018	第十五届	4月29日至5月1日	8.0	758
2019	第十六届	4月30日至5月5日	12.5	1167

注：以上数据均为新闻报道数据。2008年第五届红岛蛤蜊节游客人数、实现旅游收入统计时间为4月26日至5月7日；2009年第六届红岛蛤蜊节游客人数、实现旅游收入统计时间为4月25日至5月3日；2014年第十一届红岛蛤蜊节游客人数仅为红岛休闲渔村景区数据，实现旅游收入数据仅为红岛街道办事处全部旅游收入。

5.3.2 河口湿地观光生态旅游

胶州湾北部大沽河河口留存了较大面积的自然湿地，盐地碱蓬湿地、芦苇湿地等自然湿地景观独特，风景优美，交通也较为便利，是开展河口湿地观光生态旅游的良好场所。游客可以在大沽河河口观赏到河流入海的壮观美景，以及茂密的芦苇沼泽湿地、如红地毯般的盐地碱蓬湿地等自然美景。胶州湾滨海湿地位于国际候鸟迁徙线路之一——亚太地区候鸟迁徙路线上，水禽种类非常多样，每年春、秋季节迁徙经过胶州湾滨海湿地的水禽达数百万只，在此越冬的水禽也达数万只。在环胶州湾滨海湿地分布区，大沽河河口是一年四季栖息水禽种类、数量最多的地方，在大沽河河口观赏水禽，特别是观赏一些珍稀水禽是一个很好的河口湿地观光生态旅游项目。另外，当地社区居民秋、冬季节可以限量收获湿地中长势好的芦苇，利用冬季农闲时发展苇编，手工生产一些传统芦苇手工艺品作为特色旅游产品销售给游客以增加收入。

为实现对胶州湾滨海自然湿地的有效保护，应将自然湿地保护和湿地生态旅游发展有机结合，建设以大沽河河口为中心的胶州湾滨海湿地国家级自然保护区，保护好现存的自然湿地，为水禽提供良好的栖息生境，待条件具备后向湿地国际提出申请，将国家级湿地自然保护区升格为国际重要湿地。

5.3.3 国家湿地公园生态旅游

国家湿地公园生态旅游是以湿地为资源基础，对湿地自然景观和历史文化进行了解、观察、欣赏和学习的旅游活动，是一种具有强烈湿地生态保护意识的旅游类型，这种旅游活动能最大限度地保持原有的湿地生态系统，促进国家湿地公园所在区域社区经济发展，使当地社区居民受益。国家湿地生态公园是我国协调湿地保护和利用的关系、发展湿地生态旅游的有效措施。2005 年 2 月中国诞生了第一个国家级湿地公园——浙江西溪国家级湿地公园，2006 年 3 月江苏泰州溱湖国家湿地公园成立，这 2 个最早建成的国家湿地公园都确立了"积极保护湿地、合理利用湿地"的思路，适度地利用了湿地，通过适度利用更好地实现了对湿地生态系统的保护。

建设国家湿地公园对发展胶州湾滨海湿地生态旅游有重要意义。2008 年，青岛市开始在胶州市东郊建设胶州少海国家湿地公园。胶州少海国家湿地公园原是大沽河河口西部滞洪区，发生洪水时可以调蓄大沽河上游下泄洪水。胶州少海国家湿地公园以"两湖、一带、两轴、三岛、多片区"为主体框架，建设成为"宜居、宜业、宜游"的生态旅游景区。两湖是利用大沽河少海滞洪区建设由正阳路穿越形成的南湖和北湖；一带是建设环湖景观带，在北湖西岸以胶州历史文化为基础建设历史文化博览区，再现胶州"千年古埠、北国江南"的古城风貌；两轴是以北湖大型水景喷泉为中心，以点带线形成 2 条空间景观轴线；三岛就是在北湖建设水云洲、观澜洲 2 岛，在南湖中建设白鹭洲岛，对水云洲利用原始地貌进行景观设计绿化，形成湖中自然岛，将观澜岛建设成为旅游度假村，在南湖中的白鹭洲岛建设人工湿地，开展高档休闲、体育旅游、文化娱乐等旅游活动。

为建设少海国家湿地公园，2004 年 11 月起，胶州市在少海国家湿地公园东部建设新的滞洪区，加上建设中的少海国家湿地公园南、北两湖，湿地公园全部建成后，胶州市城区的防洪标准由原来的不足 10 年一遇提高至 50 年一遇（《胶州少海新城总体规划情况》，青岛市规划局，2008）。此外，少海国家湿地公园的建设对带动周边地区房地产业的发展也有重要的作用。

5.3.4 渔村生活体验生态旅游

发展胶州湾滨海湿地生态旅游，除在青岛市城阳区红岛发展滩涂贝类采捕休闲旅游、在大沽河河口发展河口湿地观光生态旅游、在胶州市营海镇少海国家湿地公园发展湿地公园生态旅游外，其他胶州湾滨海湿地分布区的村庄可以发展渔村生活体验生态旅游，让游客参观、参与虾蟹养殖、盐田晒盐等渔业、盐业生产活动，驾船到海上或者在沿海适宜的地方垂钓，品尝渔家宴，住渔村。开展渔村生活体验生态旅游可以让游客了解海水养殖、盐业生产活动对湿地的影响，促进海水生态养殖的发展，在不增加胶州湾滨海湿地环境压力的情况下增加渔民的经济收入。

5.4 胶州湾滨海湿地生态旅游开发的SWOT分析

发展胶州湾滨海湿地生态旅游有优势（strength）和机遇（opportunity），也有劣势（weakness）和威胁（threaten）。胶州湾滨海湿地生态旅游资源丰富、独特，距离当地客源地市场近，交通便利，客源丰富，青岛市提出了"环湾保护、拥湾发展"的城市发展战略，这是发展胶州湾滨海湿地生态旅游的优势与机遇。同时，胶州湾滨海湿地生态旅游发展也有很多劣势与威胁（图5-2）。要通过科学的保护和合理的开发利用，将胶州湾滨海湿地建设成为青岛市的生态旅游示范区。

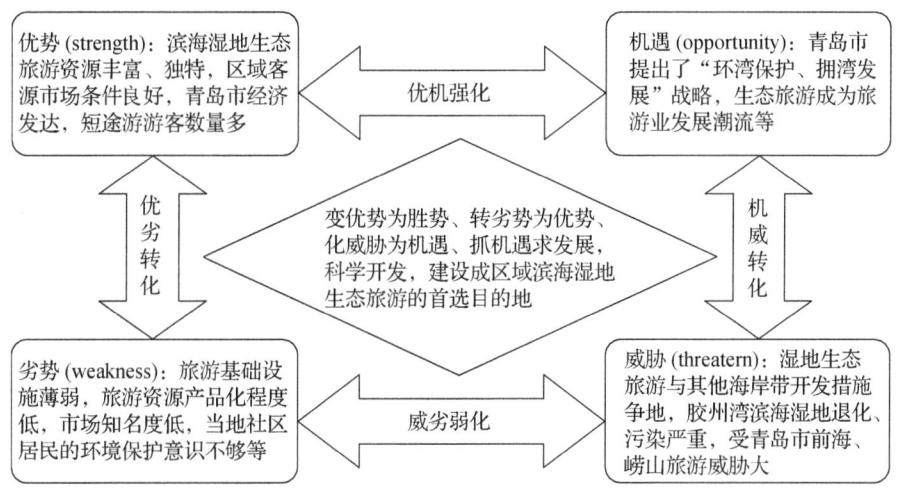

图5-2 胶州湾滨海湿地生态旅游开发的SWOT分析

滨海湿地生态旅游是以滨海湿地自然资源和生态环境为基础、有社区参与和寓教于游的旅游活动。滨海湿地生态旅游开发活动包括旅游资源与产品开发、市场开发、生态旅游设施建设、生态旅游支持系统开发、滨海湿地生态保护与退化湿地生态恢复、生态技术开发应用等内容。

滨海湿地生态旅游要在保证社会和环境目标的前提下实现经济目标。滨海湿地生态旅游资源开发要坚持"保护第一、生态为基、适度开发、综合生效"等原则，产出生态观光、生态休闲、生态度假、生态养生、生态探险、生态科普、生态文化体验、环保教育等滨海湿地生态旅游产品。滨海湿地生态旅游的开发运作首先要保证生态安全，要在旅游容量和生态安全评估的基础上，通过科学的规划设计、开发建设、经营管理、生态监测和环境补偿来实现开发目标。

胶州湾滨海湿地景观优美、湿地类型多样，生物多样性水平高，具有发展滨海湿地生态旅游的有利条件。为保护和合理利用胶州湾滨海湿地，宜发展滩涂贝类采捕休闲旅游、河口湿地观光生态旅游、湿地公园生态旅游、渔村生活体验生态旅游等方式的生态旅游。发展胶州湾滨海湿地生态旅游有优势和机遇，也有劣势和威胁，要通过对胶州湾滨海湿地的科学保护和生态旅游资源的合理开发利用，将胶州湾滨海湿地建设成为青岛市的生态旅游示范区。

参考文献

[1] 黄震方，黄金文，袁林旺，等. 滨海湿地生态旅游可持续开发模式研究：以江苏盐城滨海湿地为例 [J]. 人文地理，2007，22（5）：118-122.

[2] 徐菲菲. 滨海生态旅游地可持续发展模式研究：以江苏连云港为例 [J]. 经济地理，2003，23（4）：547-550.

[3] 张广瑞. 生态旅游的理论与实践 [J]. 旅游学刊，1999（1）：51-55.

[4] 陈君. 江苏淤泥质滨海湿地生态旅游开发 [J]. 资源与产业，2000（9）：26-31.

[5] 卢云亭，王建军. 生态旅游学 [M]. 北京：旅游教育出版社，2001.

[6] 郭来喜. 中国生态旅游：可持续旅游的基石 [J]. 地理科学进展，1997，16（1）：1-10.

[7] 杨桂华，王跃华. 生态旅游保护性开发新思路 [J]. 经济地理，2000，20（1）：88-92.

[8] 牛亚菲. 可持续旅游、生态旅游及实施方案 [J]. 地理研究，1999，18（2）：179-184.

[9] 杨东方，高振会，马媛，等. 胶州湾环境变化对海洋生物资源的影响 [J]. 海洋环境科学，2006，25（4）：39-42.

[10] 张绪良，谷东起，丰爱平. 莱州湾南岸滨海湿地资源环境及其开发利用 [J]. 海岸工程，2003，22（2）：85-91.

[11] 陆健健. 中国湿地 [M]. 上海：华东师范大学出版社，1990.

5 胶州湾滨海湿地生态旅游的发展对策

[12] 赵焕庭,王丽荣.中国滨海湿地的类型[J].海洋通报,2000,19(6):72-82.
[13] 张绪良,谷东起,付炳中,等.胶州湾滨海湿地的水禽多样性特征及保护[J].海洋湖沼通报,2008(3):99-109.
[14] 张绪良,丰爱平,隋玉柱,等.胶州湾滨海湿地的维管束植物区系特征及保护[J].生态学杂志,2006,25(7):822-827.
[15] 于丽,隋以进,薛晨钟.挖蛤蜊喽!:首届青岛红岛蛤蜊节侧记[J].青岛画报,2004(6):18-19.
[16] 王晓丽,李吉强,李秀琴.第三届城阳区红岛蛤蜊节圆满结束[J].河北渔业,2006(5):64.
[17] 汪辉,韩建玲.湿地公园生态旅游的内涵、特点与一般原则[J].南京林业大学学报(人文社会科学版),2008,8(4):141-144.
[18] 葛云健,张忍顺,杨桂山.创建盐城国家滨海湿地公园的构想:江苏淤泥质海岸生态旅游发展的新思路[J].资源科学,2007,29(1):106-111.
[19] 田璐.五大湿地公园让水鸟回家[N].青岛晚报,2009-07-01(4).

6 社区参与胶州湾滨海湿地保护

6.1 社区

6.1.1 社区的含义

社区（community）是以一定地理区域为基础的社会生活共同体，有公众、公社、团体、共同体等多种含义，构成社区的基本要素包括一定数量的人口、一定范围的地域、一定规模的设施、一定特征的文化和一定类型的组织。根据形成的社会背景，社区分传统社区、发展中社区、现代社区或发达社区3类；根据形成条件，社区分法定社区（即地方行政区）、自然社区（人们在生产和生活中自然形成的聚落，如城市社区、农村社区、小城镇社区、城乡联合体等）、专能社区（如大学、军营、矿区等）。社区具有管理功能、服务功能、保障功能、教育功能和安全稳定功能。

6.1.2 社区的分类

以社会关系特征、地理范围、主要生计方式、功能及综合各种指标或变数作为分类标准，社区分为地域型社区和功能型社区两类。地域型社区按照一定自然地域划分，主要指居住在一个区域的人群，他们基于临近的地域关系，彼此间具有较强的关联性、共同感。社区人群可通过群居、合作、公共的服务体系，获得共同的利益，或共同解决某些问题。根据地理范围、人群需求或服务体系的不同，地域型社区大致可分为村落、城镇、都市与大都会区等。功能型社区是指在一定地域范围内的具有特殊功能的社会实体，如政治性社区、经济性社区、商业性社区、军事社区、旅游性社区、文化性社区等。

本章所指的社区是地域型社区，即居住在胶州湾滨海湿地分布区及其周围，参与湿地资源保护、开发利用和管理，在胶州湾滨海湿地保护和开发利用过程中有着共同利益的人群集合体。

6.2 社区参与胶州湾滨海湿地保护的目的与原则

6.2.1 社区参与胶州湾滨海湿地保护的目的

与政府部门的行政管理职能相同，提高湿地分布区社区居民的湿地保护意识，引导社区居民合理利用湿地资源也是保护湿地的有效手段。世界上很多国家在社区参与湿地保护方面做出了努力。我国自1989年倡导和实施社区参与湿地保护以来，已经取得了一定成绩和经验，同时也有教训。例如，社区参与在江苏大丰麋鹿国家级自然保护区的建设过程中取得了显著成效。1994年菲律宾吕宋岛南部普列托迪阿兹市通过采取社区参与手段，成功地引导当地从事捕捞业生产的社区居民可持续利用湿地资源，提高了对当地海岸带潟湖湿地、红树林湿地和珊瑚礁湿地的保护水平。

社区参与是指社区居民参加发展计划、项目等各类公共事务与公益活动的行为及其过程，以及政府及非政府组织介入社区发展的过程、方式和手段。社区参与体现了居民对社区发展责任的分担和对社区发展成果的分享。社区参与最重要的主体是社区居民，社区参与的客体是社区的各种事务，社区参与的心理动机是公共参与精神，社区参与的目标取向是社区发展和人的发展。

社区参与胶州湾滨海湿地保护是指社区居民参与胶州湾滨海湿地保护与合理利用决策，参与合理利用和保护胶州湾滨海湿地的过程并对开发利用湿地资源产生的收益进行分配的活动。社区（人群集合体）与相关的政府管理部门、科研机构等都是胶州湾滨海湿地保护与开发利用的主体。社区参与能有效地促进政府部门对湿地资源开发与保护的管理和政府资金投入的效益提高，促进科研机构、科学家推广先进的滨海湿地利用、保护技术。

社区参与胶州湾滨海湿地保护的根本目的是构建社区参与主体与其他利益相关者双赢或多赢的社区利益一体化格局。也就是在平等的基础上促进社区参与主体和利益相关者实现发展目标的能力，或者可以理解为政府管理部门授权社区自主决定社区经济发展目标和滨海湿地保护目标。

6.2.2 社区参与胶州湾滨海湿地保护的原则

6.2.2.1 充分考虑社区居民的利益和兴趣原则

利益和兴趣唤起社区居民的参与意识，以往的社区参与湿地保护项目实施经验显示，社区居民在湿地开发利用和保护过程中获得的发展机会和收益越大，就越欢迎和支持湿地开发利用和保护项目的实施；相反，如果在项目实施过程中他们没有或减少了收益，或者项目实施限制了社区的发展，社区居民就会排斥和厌恶湿地保护与开发利用项目的实施。所以只有充分考虑社区居民的利益和兴趣，才能把居民的意见纳入胶州湾滨海湿地保护与合理利用规划和政府决策中。

6.2.2.2 社区参与制度化和法律化原则

在社区参与胶州湾滨海湿地保护过程中，只有使社区参与的目的、原则、实施途径和方式制度化、法律化，才能保证社区参与胶州湾滨海湿地保护与合理利用的顺利、有效进行。贯彻社区参与制度化和法律化原则，政府管理部门、科研机构应帮助社区建立结构合理的社区参与组织、严格的社区参与制度，制定完善、合理的社区参与总体规划及具体项目实施方案，向社区居民宣传参与保护与利用湿地应该遵循的法律、法规。

6.2.2.3 以社区整体利益作为衡量和评估保护与利用决策标准原则

社区参与的目的是使社区人群整体在胶州湾滨海湿地保护与利用项目实施过程中受益，使全部社区人群都能够拥护并通过实际行动推进胶州湾滨海湿地保护与利用决策。

6.3 社区参与胶州湾滨海湿地保护的方法

参与胶州湾滨海湿地保护的主体除当地社区外，还包括较远的社区、非政府组织和国际机构等有关利益团体和社会公益组织。根据国内外已经取得的实践经验，社区参与胶州湾滨海湿地保护工作包括准备和实施两个阶段。准备阶段的工作包括由政府或主要负责部门参与建立湿地社区参与领导小组，并负责社区参与过程的组织、协调和监督，领导小组负责确定社区参与胶州湾滨海湿地保护的工作目标、行动计划、工作流程及标准。实施阶段的工作包括成立胶州湾滨海湿地保护的社区参与领导小组，收集、整理数据资料为社区参与胶州湾滨海湿地保护与合理利用工作做准备，对当前社区保护

6 社区参与胶州湾滨海湿地保护

和利用湿地存在的问题和需求进行优先性排序并确定解决问题的办法,领导小组作为社区参与主体的各利益团体参与制订社区湿地资源管理计划、编制社会经济调查报告、选择社区发展项目、建立湿地资源保护和合理利用的社区参与组织体系,建立湿地保护与合理利用的监督和信息交流体系,以及审查和批准社区发展项目合同、计划等。社区参与胶州湾滨海湿地保护的工作流程如图6-1所示。

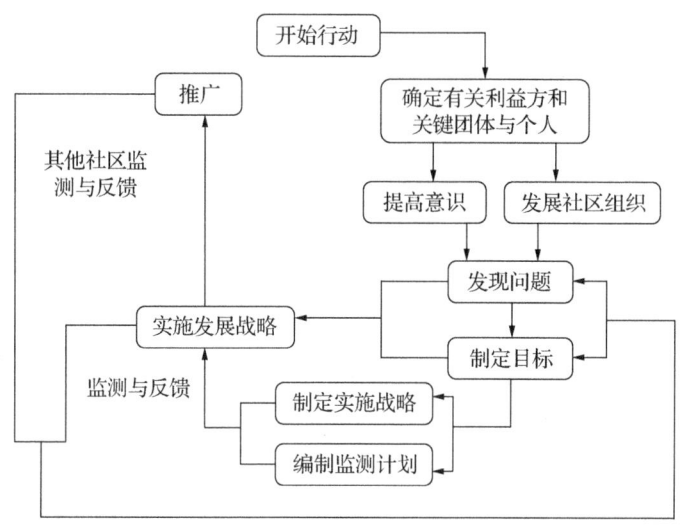

图6-1 社区参与胶州湾滨海湿地保护的工作流程

在社区参与胶州湾滨海湿地保护与合理利用的工作实践中,应重点开展以下工作。

6.3.1 成立胶州湾滨海湿地保护的社区参与组织

在各级政府部门组织协调前提下,组织青岛市及下辖的城阳区、即墨区、胶州市、黄岛区的市、县两级政府机构、农业、林业、水利、生态环境等部门,专门从事海岸带、湿地资源与环境管理与保护的科技工作者和管理人员,高等院校从事有关研究工作的专家学者,以及由当地社区居民选举产生的社区代表成立胶州湾滨海湿地保护的社区参与组织。引进国外先进的社区参与保护、合理利用湿地的经验,通过广泛的宣传提高社区参与胶州湾滨海湿地保护与合理利用在当地有关利益团体、社区居民中的影响,使有关利益团体、社区居民明确胶州湾滨海湿地保护与合理利用社区参与组织是以热心滨海湿地保护和合理利用的科技人员和当地社区居民为主体的民间社会公益组织，该组织开展活动的目的是保护与合理利用胶州湾滨海湿地，提高当地社区居民的收入和生活水平。另外，社区参与组织开展活动、实施社区参与项目时还应该积极争取国内各级政府机构、科研学术机构和热心环境保护事业的国际组织的资助和支持。

6.3.2　调查社区对湿地资源的利用要求，为实施社区参与提供科学依据

组织人员全面调查胶州湾沿岸社区经济发展状况、居民生产、生活状况、对自然资源特别是胶州湾滨海湿地资源的利用状况、传统文化习俗等，并对调查结果做详细的统计分析，绘制社区组织结构图和社区关系图，编制自然资源使用和利用价格表、社区对自然资源利用和保护的主要冲突分析表，了解社区经济发展水平和社区对湿地资源利用的要求，为社区参与湿地保护和合理利用项目的实施提供科学依据。

6.3.3　推广应用循环经济原理的先进的生产技术，合理利用胶州湾滨海湿地资源

在参与胶州湾滨海湿地保护与合理利用的社区举办各种培训班，选择推广持续利用滨海湿地资源的社区发展项目，协助社区制订"社区资源利用与管理计划"。例如，在胶州湾沿岸工业企业中推广提高水资源重复利用率的工业生产技术，提高水资源重复利用率，降低工业生产对淡水资源的消耗，恢复湿地正常供水量，削减工业废水入海量，减轻工业废水对滨海湿地的影响。

在胶州湾沿岸以种植业为主要生产方式的农村社区推广生态农业生产技术，减少农药和化肥施用量，减轻对通过水循环输入胶州湾的农药、化肥对湿地的污染。在胶州湾沿岸的胶州市营海镇，城阳区上马镇、红岛镇等地海水养殖业发达的村镇，培训养殖户，使养殖户掌握高效的生态养殖技术，合理控制养殖密度，提高养殖的饵料利用率和养殖的经济效益，降低流入湿地的养殖废水中氮、磷等污染物质的含量；推广大菱鲆（*Scophthalmus maximus*）等优质海水鱼类养殖品种和养殖新技术，减轻海水养殖业发展对胶州湾海岸带自然湿地的污染和占用。

6.3.4 协调地方关系、扩大社区参与胶州湾滨海湿地保护的范围和领域

在协助社区制订社区资源管理计划、选择社区投资项目时，吸引社区居民广泛参与，充分发表意见。开展社区扶贫帮困活动，积极与乡村社区居民交流感情，密切湿地社区参与组织与当地社区的关系，设计并通过社区发展项目培训，推广以家庭和社区基层组织能够实施并较快获益的湿地生态旅游纪念品生产（如滨海湿地风光、珍稀生物宣传图册等）、旅游接待等湿地生态旅游服务项目。调动社区居民参与湿地保护与合理利用的积极性，引导社区居民积极参与胶州湾滨海湿地自然保护区和湿地公园的建设。使社区基层组织承担恢复和重建湿地范围内的社会治安、湿地防火、湿地资源管理、湿地保护的宣传教育等工作。

6.3.5 开展胶州湾滨海湿地保护和合理利用的宣传教育

开展胶州湾滨海湿地保护和合理利用的宣传教育，增强社区居民的湿地保护意识，推动对胶州湾退化滨海湿地的保护（生态恢复、重建）和持续利用。社区参与组织的专家、学者和湿地管理工作者可以有计划地在胶州湾沿岸各地社区举办以保护盐沼湿地、防火、爱鸟、野生动物保护等为主题的知识讲座，广泛宣传有关的法律、法规，通过放映电影和录像、印发宣传画册、办宣传栏、家访等形式宣传社区参与管理和保护湿地的重要性，增强社区居民热爱大自然的意识，引导社区居民参与胶州湾滨海湿地的管理、保护和合理利用。

参考文献

[1] KIRSTEN D S. Economic consequences of wetland degradation for local populations in Africa [J]. Ecological Economics, 2005, 53 (3): 177 – 190.

[2] 张明祥, 严承高, 王建春, 等. 中国湿地资源的退化及其原因分析 [J]. 林业资源管理, 2001 (3): 23 – 26.

[3] 青岛市史志办公室. 青岛市志: 海洋志 [M]. 北京: 新华出版社, 1997.

[4] 张绪良, 丰爱平, 隋玉柱, 等. 胶州湾滨海湿地维管束植物的区系特征与保护 [J]. 生态学杂志, 2006, 25 (7): 822 – 827.

[5] 陆健健. 中国湿地 [M]. 上海: 华东师范大学出版社, 1990.

[6] 赵焕庭, 王丽荣. 中国滨海湿地的类型 [J]. 海洋通报, 2000, 19 (6): 72 – 82.

[7] 印萍, 路应贤. 胶州湾的环境演变及可持续利用 [J]. 海岸工程, 2000, 19 (3):

14 - 23.

[8] 青岛市史志办公室. 青岛市志: 土地志/地震志 [M]. 北京: 新华出版社, 1999.

[9] 吴耀全. 胶州湾沿岸带开发对生物资源的影响 [J]. 海洋环境科学, 1999, 18 (2): 38 - 42.

[10] 张绪良, 夏东兴. 滨海湿地退化对胶州湾渔业和生物多样性保护的影响 [J]. 海洋技术, 2004, 23 (2): 68 - 70.

[11] 郝建华, 霍文毅, 俞志明. 胶州湾增养殖海域营养状况与赤潮形成的初步研究 [J]. 海洋科学, 2000, 24 (4): 37 - 41.

[12] 沈志良. 胶州湾营养盐结构的长期变化及其对生态环境的影响 [J]. 海洋与湖沼, 2002, 33 (3): 322 - 331.

[13] 于燕燕. 社区和社区建设 (二) 城市社区的界定及类型 [J]. 人口与计划生育, 2003 (8): 45 - 46.

[14] 欧恒春. 生态旅游中的社区参与问题 [J]. 商业时代, 2004 (36): 70 - 71.

[15] 宋章海. 试论社区参与在区域旅游发展中的问题与对策 [J]. 贵州大学学报 (社会科学版), 2005, 23 (1): 62 - 65.

[16] 宋章海, 马顺卫. 社区参与乡村旅游发展的理论思考 [J]. 山地农业生物学报, 2004, 23 (5): 426 - 430.

[17] 严志兰. 城市居民社区参与特征剖析 [J]. 广东青年干部学院学报, 2005, 19 (59): 45 - 47.

[18] 安树青. 湿地生态工程: 湿地资源利用与保护的优化模式 [M]. 北京: 化学工业出版社, 2003.

[19] 吕宪国, 刘红玉. 湿地生态系统保护与管理 [M]. 北京: 化学工业出版, 2004.

7 基于情景分析理论的青岛市海洋灾害应急管理

7.1 公共突发事件

公共突发事件是指突然发生并危及公众生命财产、社会秩序和公共安全，需要政府采取紧急应对措施加以处理的公共事件，包括自然灾害、事故灾难、公共卫生事件和社会安全事件四大类。2001年的"9·11"事件、2003年的"非典"、2004年的印度洋海啸等一系列公共突发事件在严重影响人类社会生活的同时，也在逐步改变政府和社会公众应对公共突发事件的观念。

由于社会需求，对公共突发事件的应急管理已经成为政府公益服务和社会管理职能的重要组成方面。为了加强对公共突发事件的应急管理能力，国内外学者正在大力推进有关公共突发事件的应急管理研究。我国的公共突发事件应急管理研究大致可以分为以下3个阶段：①2003年以前为萌芽时期，主要研究部门应对、单项应对突发事件的应急管理，特别是对自然灾害的应急管理。②2003—2007年为快速发展时期，2003年的"非典"事件推动了应急管理的理论研究和实践。2003—2006年研究主要集中在应急管理预案，应急管理体制、机制和法制建设等方面，2006年国务院颁布了《国务院关于全面加强应急管理工作的意见》，当年年底国务院办公厅成立了"国务院应急管理办公室"和"应急管理专家组"；2007年国务院办公厅主管的《中国应急管理》杂志创刊，这标志着我国的应急管理研究开始向高水平、综合化方向发展。③2008年以来为应急管理研究质量提升时期，2008年年初我国南方发生的冰雪凝冻灾害、"5·12"汶川地震等自然灾害又进一步推动了我国的应急管理研究。这一阶段应用情景分析理论提高公共突发事件的应急管理效率，逐渐成为应急管理研究的热点问题之一。

青岛市是中国重要的沿海开放城市和历史文化名城、全国15个副省级城市之一和山东半岛蓝色经济区的中心城市,海洋经济在青岛市国民经济总体中占有重要地位。然而,由于海岸带和近海的海洋灾害种类繁多、发生频繁、季节性强,多年来,各种海洋灾害对青岛市的海洋运输业、海洋渔业、滨海旅游业等造成了较大影响,海洋灾害造成的经济损失随着青岛市海洋经济的不断发展呈现出显著增长的趋势,严重影响了青岛市海洋经济的发展。研究青岛市海洋灾害应急管理的现状与优化对策,对于顺应海洋环境变异、有效抗御海洋灾害、不断改善海洋环境、促进青岛市海洋经济持续健康发展有重要的理论与实践意义。

7.2 青岛市的海洋经济发展现状及海洋灾害对海洋经济的影响

7.2.1 青岛市的自然地理环境

青岛市（35°35′~37°09′N，119°30′~121°00′E）位于山东半岛西南部,濒临黄海,全市陆域土地总面积10 654 km^2。青岛市海岸线总长816.98 km,其中大陆海岸线长710.9 km,海岛海岸线长106.08 km,近海海域面积约12 200 km^2,潮间带滩涂湿地面积约375.35 km^2。沿岸有胶州湾、丁字湾、汇泉湾等32个海湾、69个海岛,沿海有丰富的港口资源、海洋生物资源。

青岛市的大地构造分区属新华夏构造系的次级构造单元——胶辽隆起带的东北部和胶莱凹陷区的中南部,区内断裂构造发育,受断裂构造制约,地势东高西低、南北两侧隆起、中间低陷,地貌类型包括低山丘陵、平原和滨海低地等。青岛市的气候属暖温带大陆性季风气候,年均温12.2 ℃,多年平均的年降水量691.9 mm。由于深受海洋的影响,具有"春迟、夏凉、秋爽、冬长"等特点。青岛市境内共有大小河流124条,分属大沽河水系、胶莱河水系和沿海诸河水系。青岛市的土壤包括棕壤、潮土、褐土、砂浆黑土、盐土、水稻土、山地草甸土、风沙土8个土类。地带性植被为温带落叶阔叶林,以及赤松林、黑松林、胡枝子灌丛、棉槐灌丛、盐地碱蓬群丛、獐毛群丛、芦苇群丛等。

7.2.2 青岛市的海洋经济发展现状

青岛市是中国著名的沿海开放城市,青岛市的海洋产业主要包括滨海旅游业、海洋渔业、海洋交通运输业、盐业及盐化工、海洋工程建筑业、船舶

7 基于情景分析理论的青岛市海洋灾害应急管理

制造业、海洋药物和保健品制造业等。近年来青岛市海洋经济迅猛发展,海洋产业在国民经济中比重不断增大,对地区经济发展起到了重要的带动作用。目前,青岛市海洋产业保持二、三、一的产业结构特征。2018年全年青岛市实现海洋生产总值3327亿元,比上年增长115.6%,海洋生产总值占青岛市GDP的比重达27.7%。其中,海洋第一产业增加值110亿元,增长5.1%;第二产业增加值1766亿元,增长18%;第三产业增加值1451亿元,增长13.7%。滨海旅游业、海洋交通运输业、海洋设备制造业和涉海产品及材料制造业4个支柱产业共实现增加值2025亿元,增长14.5%,占海洋经济比重的60.9%。海洋新兴产业实现增加值366亿元,增长8.6%,占海洋经济比重的11.0%。

7.3 青岛市的海洋灾害及其对海洋经济发展的影响

7.3.1 青岛市的海洋灾害

海洋灾害是指在海洋或海岸带范围内发生的,由海洋作用、人类活动或二者共同形成或引发的,能造成社会经济财产损失或人员伤亡的突发事件。海洋灾害是一类造成损失大、影响大的重要自然灾害。按照致灾因子,海洋灾害可以划分为海洋气象灾害、海洋水文灾害、海洋地质灾害、海洋生态灾害和人为海洋灾害五大类(表7-1)。青岛市的海洋灾害具有类型多、致灾地域广、季节性明显、不同类型的海洋灾害在时间空间上相互叠加、灾害造成的损失大等特点。

表7-1 青岛市的海洋灾害分类

海洋灾害类	海洋灾害型
海洋气象灾害	台风(热带气旋) 大风 海雾
海洋水文灾害	风暴潮(包括温带风暴潮、台风风暴潮) 暴浪 海冰 海面上升 海啸

续表

海洋灾害类	海洋灾害型
海洋地质灾害	海岸侵蚀 海水内侵 海岸风沙 海湾与航道淤积、河口拦门沙淤积
海洋生态灾害	赤潮 有害海洋生物暴发（浒苔、水母、海星等） 附着生物灾害
人为海洋灾害	海洋污染 海洋工程灾害

7.3.2 海洋灾害对青岛市海洋经济的影响

7.3.2.1 海洋气象灾害

台风。青岛市位于山东半岛西南岸，是山东省受台风影响较频繁、严重的海岸。1900—1997年影响青岛市近海的台风就达120多次，平均每年1.3次。其中，1956年9月5日，影响青岛市的5612号台风，导致青岛市出现日降水量269.6 mm的特大暴雨和最大风速20.3 m/s的9级东北大风；1981年9月1—2日，受8114号台风影响，青岛市出现8级大风，沿岸出现10余米台风涌浪，导致严重的海水倒灌；1985年8月19日，受8509号台风影响，青岛市出现10级大风（阵风达12级以上），19—20日降水量达254.6 mm；1997年，9711号台风导致5人死亡，在青岛市造成了2.2亿元的经济损失。

大风。青岛市沿海主要由寒潮引发的大风灾害也严重影响海洋渔业和海洋交通业，1898—1996年，青岛市平均每年大风日数65天。1949年1月16日，一艘驶向青岛市的帆船在黄岛海域遇大风沉没，造成50余人遇难；1956年6月25日，青岛市崂山区2艘在海上作业的渔船遇大风，导致7名渔民遇难；1959年，因大风灾害青岛市渔民死亡60人，当年1月16日，青岛海洋渔业公司"73"号渔船在青岛市小公岛附近海域因狂风、巨浪和海冰沉没，导致7名渔民丧生；1961年5月，因大风青岛市海上沉船5艘，

7 基于情景分析理论的青岛市海洋灾害应急管理

死亡渔民 21 人;1964 年 5 月 17 日,青岛市出现 10 级大风,损毁网具 6200 余条和多艘渔船、大量养殖海带;1966 年 10 月 27 日,青岛市海上 9 级以上大风持续了 15 小时,海上有 23 艘渔船 110 余人遇险,经救援有 1 艘渔船沉没、2 名渔民遇难;1982 年 8 月 14 日,大风引起的巨浪冲垮了崂山区 500 m 以上沿海公路,导致交通中断,1500 余名游览崂山的游客遇险,经海军登陆艇救援后才得以脱险;1984 年 3 月 20 日,青岛市沿海出现 9~10 级大风,市区最大风速 36 m/s,造成 220 千伏青坊供电线路跳闸断电 8 个多小时。

海雾。青岛市的海雾属平流雾,水平能见度小于 1 km 的多年平均雾日 49.3 天,海雾多形成于 4—7 月。海雾灾害严重影响青岛市海洋运输业、海洋渔业等海洋产业。青岛市发生的恶性海难事故中,有近 80% 是海雾造成的。例如,1975 年 6 月 19 日,受浓雾影响胶州湾内海面上能见度很差,"马蹄礁"附近一天内接连发生 4 起船舶相撞、触礁或搁浅的重大海损事故;因受海雾影响,1979 年 7 月,巴西一艘 5 万 t 级油轮撞上胶州湾西部的黄岛油港码头,造成 550 万元以上的损失。近年来,青岛—黄岛轮渡、环胶州湾高速公路、跨海大桥等海上运输、沿海陆地运输经常受海雾影响发生中断,造成较大经济损失。

7.3.2.2 海洋水文灾害

风暴潮。青岛市沿海的风暴潮均由台风引起,1949—1990 年,青岛市沿海发生了 20 次增水 80 cm 以上的台风风暴潮,最大风暴潮增水 143 cm,其中较大的风暴潮有发生于 1981 年的 8114 号台风风暴潮(最大增水 98 cm)、1985 年的 8509 号台风风暴潮(最大增水 143 cm)等。1985 年 8 月 19 日,8509 号台风风暴潮导致 29 人死亡,青岛港停航 2 天,市区倒塌房屋 175 间,市区沿海道路 3 万余株绿化树木被损,毁坏渔船 976 艘,冲毁沿海堤坝 8545 m^2,淹没盐田 9346 亩、虾池 14 000 亩,青岛市直接经济损失共 5.08 亿元。1997 年,9711 号台风风暴潮淹没栈桥西侧的海上皇宫大酒店,造成的直接经济损失达 1000 万元,栈桥等多处沿海旅游设施被毁,沙子口湾的湾顶沙滩被侵蚀近 10 m。9206 号(1992 年)、9216 号(1992 年)和 9711 号(1997 年)台风风暴潮在青岛市形成的风暴增水分别为 147 cm、113 cm 和 127 cm,也造成了严重的经济损失。2000 年 8 月 29 日至 9 月 1 日,0012 号台风引发的风暴潮冲毁了市区沿海 1 km 堤坝,部分路面遭到破坏、部分绿地被海水浸淹,100 余盏路灯被海浪损坏,澳门路、东海路、南海路等路段被风暴潮冲毁导致交通中断,沿海各区(市)共 27 个乡镇、街道办事处受灾，受灾人口 44 万人，成灾人口 27 万人，全市直接经济损失 2.36 亿元。

暴浪。暴浪是指由台风或寒潮大风引起的灾害性海浪，暴浪与大风、风暴潮增水叠加能损毁船只、海岸工程建筑物和构筑物，造成人员伤亡。1985 年，8509 号台风在青岛市近海形成的暴浪波高 9.0 m，波向 SSE 向，波浪周期为 8.5 s。1992 年，9216 号台风在青岛市近海形成的暴浪波高 5.9 m，波向 SE 向，波浪周期为 6.3 s。1995 年 11 月 7 日，青岛市近海风力达 11 级的寒潮大风产生的暴浪致使 16 名渔民落水失踪、3 艘渔船沉没。

海冰。由于位于山东半岛西南岸，纬度较低，冬季受寒潮影响较小，所以青岛市海冰灾害比较轻微。20 世纪，青岛市在 1916—1917 年、1917—1918 年、1919—1920 年、1926—1927 年、1929—1930 年、1932—1933 年、1933—1934 年、1935—1936 年、1944—1945 年、1946—1947 年、1956—1957 年、1962—1963 年、1963—1964 年、1967—1968 年、1968—1969 年、1976—1977 年、1980 年发生了 17 次较严重的海冰灾害。其中，1917 年 1 月 3—15 日，大港内外全部结冰，堆积冰厚达 1 m 以上，舰船航行严重受阻，胶州湾 9/10 海面封冻。1936 年 1 月，大港入口处海面封冻，阻断了港口航行。20 世纪末及 21 世纪初，青岛市基本未形成海冰灾害。但由于海洋工程建设，胶州湾湾内淤积不断加重，胶州湾跨海大桥建设进一步阻碍了湾内外海水交换，因此近几年胶州湾的海冰灾害较历史上更严重。2009—2010 年、2010—2011 年青岛市胶州湾内分别形成了 III 级、IV 级海冰灾害，损毁船只，影响海水养殖，各造成 1.25 亿元、4.75 亿元的经济损失。

海面上升。海面上升主要是由全球变暖导致海水体积膨胀、冰川加速融化引起的，同时由于沿海地区过度抽取使用地下水，导致地面沉降，引起相对海面上升。气候变暖是一个多世纪以来全球变化的基本趋势，因此海面上升及其引起的海岸侵蚀、风暴潮等次生灾害近年来有不断加剧的趋势。中国沿海海面近 50 年平均上升速率约为 2.5 mm/年，按此速率预测到 2050 年中国沿海海面的上升幅度为 0.12～0.18 m。海面上升将导致加重青岛市海岸侵蚀、风暴潮、海水内侵等海洋灾害，但由于变化幅度很小，海面变化短期内对青岛市海岸带生态环境、海洋经济的发展影响不大。

海啸。青岛市无海啸灾害发生的历史记录。

7.3.2.3 海洋地质灾害

海岸侵蚀。近年来受风暴潮和暴浪、入海河流输沙量减少、海面上升、城市化、人工采砂、海岸工程建设等自然、人为因素影响，青岛市各种类型的海岸均受到侵蚀，其中灵山湾附近的砂质海岸近10年来侵蚀后退了约70 m，平均蚀退速率约7 m/年。青岛第一海水浴场和石老人海水浴场由于城市化发生海岸侵蚀，目前沙滩在不断退化，第一海水浴场每年开放前都需要进行人工补沙，石老人海水浴场东侧沙滩上有成片礁石开始出露。此外，崂山清水河附近的砂质海滩也因侵蚀作用几乎损失殆尽。

海水内侵。海水内侵是指沿海地区地下咸淡水界面自海向陆浸染的现象，主要是沿海地区超采地下水造成的。海水内侵会造成地下水氯离子含量和矿化度升高，水质咸化，区域淡水资源不足，人畜用水困难。海水内侵灾害在山东半岛南、北两岸地势地平地区分布普遍，自20世纪70年代中期发现显著的海水内侵灾害以来，到20世纪末，青岛市沿海地区的原胶南寨里、大潘、黄岛区辛安，胶州市大沽河下游，崂山区白沙河下游，即墨市莲阴河下游，平度新河—灰埠一带，海水入侵面积达39 km^2，导致600 hm^{2}以上农田、菜地减产或绝产，报废机井541眼，造成大约60个村庄人畜用水困难。

海岸风沙。海岸风沙作用影响海岸带环境和土地资源利用，是一种缓发性海洋灾害。青岛市海积作用形成的海岸流动风沙主要分布在原胶南寨里海滩近岸处，胶莱河河口海沧村附近原有高度5 m左右、面积约100 hm^{2}的由古河口沙堤演变而成的海岸风成沙丘，20世纪70—80年代已经被人工挖沙夷平。

海湾与航道淤积、河口拦门沙淤积。青岛市沿海海湾与航道淤积已经显著地改变了海洋环境，导致海洋污染加剧，并成为加剧近海污染、引发赤潮等的主要原因。由于养殖池塘、盐田建设改变了胶州湾海岸带的海水运动，导致胶州湾滩涂淤积加快，加上围海造陆，1935—2002年胶州湾面积减小了179.8 km^2，平均水深也显著减小，纳潮量则由约12.7×10^8 m^{3}减小到约9.0×10^8 m^3，这是导致胶州湾污染、海冰灾害不断加重的一个重要原因。胶州湾由于李村河、墨水河和白沙河等入海河流输送的泥沙淤积、垃圾填埋等原因，作为青岛港重要港口资源的沧口水道1966—1985年发生了明显的淤积，其中10 m深槽向南退缩了85 m，平均退缩速度4.5 m/年，平均淤积强度1.8 cm/年。

7.3.2.4 海洋生态灾害

赤潮。赤潮是入海河口、海湾和近海水域由于海水严重污染和富营养化导致的海洋浮游生物增殖、海面水色异常变化的现象。赤潮灾害发生时海水水质恶化，海水中溶解氧含量急剧下降，营养盐含量、有害物质及毒素含量增加，造成海洋经济生物（尤其是幼鱼）大量死亡，渔业减产，对海水养殖业有很大危害。由于向海排放工农业生产废水和城市生活污水导致海水富营养化，青岛市沿海曾多次发生赤潮灾害。1978年，青岛市沙子口近海曾发生赤潮灾害，时间、面积无具体数据。20世纪90年代以来，青岛沿海几乎每年都发生赤潮，并且发生的规模逐年增大，持续时间逐年增长。1998年7月3—8日，胶州湾发生赤潮，面积1.5 km^2；1999年7月23—27日，胶州湾大港、小港附近海域发生赤潮，面积26 km^2；1999年7月26—27日，青岛市小麦岛至沙子口海域发生赤潮，面积60 km^2；2000年7月20—23日，胶州湾发生赤潮，面积2 km^2。

有害海洋生物暴发。由于受海水中营养盐含量不断上升、过度捕捞等因素的影响，近年来青岛市频繁发生浒苔、水母、海星等有害海洋生物暴发灾害，显著影响青岛市滨海旅游环境和海水养殖。自2007年起，每年夏季5—8月生成于黄海南部海域的浒苔（*Enteromorpha prolifra*）都会随洋流漂移到青岛市近海，一般海水水温升高到高于30 ℃时，浒苔就会死亡腐败发臭，影响海岸带海水养殖和滨海旅游环境。2008年6月中旬，距奥帆赛仅有50多天时，大量浒苔从黄海中部海域漂移至青岛附近海域，浒苔分布面积超过13 000 km^2，奥帆赛场50 km^2海面浒苔覆盖率达36.5%。水母泛滥已经成为全球性海洋生态环境问题，夏季水母暴发也是青岛市近海危害较大的海洋生态灾害之一。目前，青岛海域出现的水母主要有沙蜇（*Stomopholus meleagris*）、沙水母（*Sanderia malayensis*）、海月水母（*Aurelia aurita* Lamarck）3种，其中沙蜇、沙水母经常在青岛市第一海水浴场等海水浴场出没，有一定毒性，经常蜇人，而毒性较小的海月水母则多出现在胶州湾海域。水母泛滥的原因之一是海水富营养化。由于海水污染、海岸开发等一系列原因，使海水富营养化加剧，海水中氮磷比和氮硅比不断升高，在高氮磷比或高氮硅比条件下，甲藻对硅藻具有明显的竞争优势，这有利于水母生长繁殖。另外，由于过度捕捞导致海洋渔业资源匮乏，水母和鱼类食用同样的饵料生物，鱼类的减少使得水母饵料充足，从而长得更快。青岛市胶州湾红岛潮间带滩涂湿地的贝类增养殖（主要养殖对象为蛤蜊）、鲍鱼养殖在近年来还受到海星暴发的强烈影响，据分析是由于过度捕捞导致海星天敌减少所致。

附着生物灾害。附着生物灾害主要指一些附着在船底的软体生物，影响海洋航运业，这一类海洋生态灾害未对青岛市海洋运输业造成明显影响。

7.3.2.5 人为海洋灾害

海洋污染。船舶排污和溢油、入海污染物排放是青岛市近海海洋污染的主要原因。1993年7月19日,"苏赣海"驳轮违章排污,污染了原胶南市古口镇附近海面30 000 m^2。1994年,青岛港22号锚地外籍油轮GAMMA号和ROOK EXPRESS号货轮违章排污,污染了40 000 m^{2}以上海面。

海洋工程灾害。自20世纪70年代以来,青岛市环胶州湾围海造陆工程和养殖池塘、盐田建设导致胶州湾面积显著缩小,纳潮量下降,沧口水道和黄岛海西湾淤积变浅,这导致胶州湾污染加重,也不利于港口航道资源的开发利用。海洋工程导致的海洋环境问题进展缓慢,属于缓发性海洋灾害。

7.4 基于情景分析法的青岛市海洋灾害应急管理优化对策

7.4.1 情景分析法的基本理论及应用

7.4.1.1 情景分析法的含义

情景分析法(scenario analysis)在对经济、产业或技术的重大演变提出各种关键假设基础上,通过对未来详细地、严密地推理和描述来构想未来各种可能的方案。作为预测未来情景的一种预测方法,情景分析法不同于基于统计分析的传统预测方法,其最大优势是使管理者能发现未来变化的某些趋势和避免2个最常见的决策错误:过高或过低估计未来的变化及其影响。情景分析法认为情景由结束状态(end-state)、策略(plotor story)、驱动力(driving force)和逻辑(logics)4个要素构成。上述要素各自以多种方式发展并且相互关联导致可能产生即时情景(emergent scenario)、不受限制的"如果—那么"情景(unconstrained "what-if" scenario)和受限制的"如果—那么"情景(constrained "what-if" scenario)3种不同类型的竞争情景。

7.4.1.2 情景分析法的基本观点

情景分析法认为未来充满了不确定性,但不确定性的特征决定了未来有部分内容可以预测。导致未来不确定性的原因主要有2个:一是"影响系统"中本质上的不确定因素,这里的"影响系统"指影响某一事件的趋势或发展的,相互联系、相互影响的多种因素构成的体系,影响系统中本质上的不确定因素是无法预测的;二是缺乏信息和缺乏对影响系统的了解,如果用科学、系统的方法来把可预测的内容从不确定内容中分离出来,通过对影响系统和其可预测的、规律性的因素的更多了解，就可以大幅降低不确定性，从而能预测未来的某些发展。此外，下列因素也使外部环境部分可预测：当我们对发生的事件进行比较充分的观察时，能够发现一些趋势；一旦事情开始发展，惯性因素常常使其发展持续一段时间；一些事件总是与另外一些事件共同出现；一些事件同另外一些事件之间可能存在因果关系；不同因素之间的相关性、时间或空间的联系、模式的相似性等。

7.4.1.3　情景分析法对未来可能情景进行分析的基本步骤

利用情景分析法对未来事件进行预测有多种方式。目前，大多数国际组织和公司采用斯坦福研究院（Stanford Research Institute，SRI）拟定的分析步骤：第一，明确决策焦点，决策焦点具有重要性和不确定性，所以难于预测；第二，确定影响决策的关键因素，即直接影响决策的外在环境因素；第三，选择不确定轴面，将驱动力量按照冲击水平和不确定程度进行组合分类，在高冲击水平和高不确定驱动力量群组中选择2~3个不确定轴面（相关构面）作为情景内容的主体构架；第四，根据情景内容的主体构架发展情景逻辑，构建2~3个包括所有焦点的可能情景，并尽量描绘各个可能情景的细节；第五，分析情景内容，利用角色试演检验情景的一致性，观察各角色在未来环境里做出的各种反应，做出各种可能情景的管理决策。

7.4.1.4　情景分析法的应用

情景分析法最早应用于军事，20世纪40年代末，美国兰德公司的国防分析员描述、分析核武器可能被敌对国家利用的各种情形，这是情景分析法实践应用的开始。70年代，兰德公司为美国国防部导弹防御计划做咨询时又应用并进一步发展了情景分析法。70—80年代，美国壳牌石油公司运用情景分析法成功地预测了几次石油危机，使壳牌石油公司从1973年的世界第六大石油公司成长为第二大石油公司。此外，德国的BASF公司、戴姆勒-奔驰公司、美国的波音公司等在制定战略规划时也使用了情景分析法；南非白人政府采用情景分析法分析了种族隔离制度和平变革的各种可能选择，最终进行了和平变革。近年来，情景分析法在产业发展、资源环境变化和自然灾害防御等研究领域也得到了广泛应用。

7.4.2　青岛市海洋灾害应急管理现状

青岛市的海洋经济较发达，海洋经济在地区生产总值中所占比重较大，随着海洋经济的发展，上述各类海洋灾害对海洋产业、海洋经济发展造成了越来越严重的影响。因此，青岛市非常重视海洋灾害的应急管理工作。近年来，青岛市海洋与渔业局作为行业主管部门，在国家海洋局、山东省海洋与渔业厅和青岛市政府领导下，制订并不断完善了应对海啸、风暴潮、海浪、海冰、赤潮、绿潮等海洋灾害的一系列海洋灾害应急管理预案。2008年6月30日，青岛市人民政府办公厅印发了《青岛市风暴潮海啸灾害应急预案》（青政办字〔2008〕38号），自此青岛市海洋灾害应急管理工作进入制度化、常态化阶段，并开始不断加大投入、完善应对海洋灾害等公共突发事件的应急管理体制、机制，组织半军事化应急管理工作演练和实践，全面提高了突发事件信息报告的水平。2012年6月1日，青岛市发布实施了《青岛市海洋赤潮灾害应急预案》《青岛市海洋大型藻类灾害应急处置工作预案》，2013年1月24日，青岛市人民政府办公厅又发布实施了《青岛市风暴潮、海浪、海啸和海冰灾害应急预案》，同时废止了《青岛市风暴潮海啸灾害应急预案》（青政办字〔2008〕38号）。上述青岛市已经发布并正在应用的3个海洋灾害应急管理预案主要规定了青岛市海洋灾害应急管理的组织机构构成及各机构的主要职责、灾害预警启动标准、预警预防行动、预警支持系统、应急响应程序、善后处置、灾害调查评估、信息发布、应急保障、宣传演练等。

依照上述海洋灾害应急管理预案，在发生危害较大的台风、大风、风暴潮、海冰、赤潮、绿潮、海岸侵蚀、海水内侵等海洋灾害时，青岛市做了卓有成效的防御海洋灾害应急管理工作，尽最大可能减轻了各类海洋灾害造成的生态环境影响、经济损失和人员伤亡。然而，由于缺乏有效的理论指导，青岛市的海洋灾害应急管理工作还存在着灾害预测不准确、预警不及时、各部门间不能有效沟通和协调管理、海洋灾害应急管理主体单一、应急行动在时间和空间上的针对性较差、社会团体参与度低、灾害信息传播效率低等问题。

7.4.3 应用情景分析法对青岛市海洋灾害应急管理进行优化的对策

7.4.3.1 进行海洋灾害情景分析的必要性

青岛市2013年1月发布实施的《青岛市风暴潮、海浪、海啸和海冰灾害应急预案》明确规定了Ⅰ级、Ⅱ级、Ⅲ级、Ⅳ级4个等级的风暴潮、海浪、海啸和海冰灾害的预警启动标准，但该预案未对各级预警启动后应采取何种对应的应急响应行动做出说明。这主要因为预案中未分别给出不同等级的风暴潮、海浪、海啸和海冰灾害的影响范围、影响程度和灾害可能造成的损失。在海洋灾害应急管理预案中增加对不同预警等级海洋灾害的灾情情景分析，可以提高应急响应程序的针对性。建议青岛市风暴潮、海浪、海啸和海冰灾害应急指挥部组织专家进一步修订、完善该预案，利用情景分析法分别预测Ⅰ级、Ⅱ级、Ⅲ级、Ⅳ级（即特别重大、重大、较大和一般）4个预警级别的风暴潮、海浪、海啸和海冰灾害发生时各类灾害的影响范围、影响程度和灾害可能造成的损失。

7.4.3.2 风暴潮灾害情景分析的内容及在应急管理中的应用

组织专家分别预测发生达到Ⅰ级、Ⅱ级、Ⅲ级、Ⅳ级预警条件的风暴潮灾害时，风暴潮增水淹没青岛市沿海和重要海岛的范围、面积，淹没范围内有哪些重要的公共设施、需要疏散的人口，会产生哪些次生灾害（如海岸侵蚀、海浪），风暴潮增水对海岸带生态环境会产生何种影响及影响的程度，不同等级预警条件下风暴潮及其引发的次生灾害可能造成的经济损失等风暴潮灾害的各种可能情景。在响应的海洋灾害应急预案中补充完善了上述灾害情景预测的内容，可以提高应急响应行动在时间、空间上的针对性，一定级别的风暴潮预警发出后，应急指挥部就可以迅速、准确地确定灾害警戒、救援队伍的规模、值班位置，需要提前关闭海岸带范围内哪些公共设施、场所，提前维护、检修和加固哪些海岸构筑物，在哪些位置准备救灾物资，准备多少救灾物资，灾后损失评估也将更具针对性、更准确、更快速，可以更及时地开展灾后重建。

7.4.3.3 海浪灾害情景分析的内容及在应急管理中的应用

组织专家分别预测发生达到Ⅰ级、Ⅱ级、Ⅲ级、Ⅳ级预警条件的海浪灾害时，可能被冲毁的海岸及海岸带港口码头等构筑物及被毁程度，在海水浴场、有重要旅游景观的岸段海浪破碎上涌后形成的向岸流向岸流动的最大距离，会对各港口、码头多大吨位的船舶产生损害等海浪灾害的各种可能情景。根据预测的不同等级海浪灾害的可能情景，确定提前关闭海岸带范围内哪些公共设施、场所，需要采取何种措施在特定岸段防御海浪导致的海岸侵蚀及次生灾害。

7.4.3.4 海冰灾害情景分析的内容及在应急管理中的应用

组织专家分别预测发生达到Ⅰ级、Ⅱ级、Ⅲ级、Ⅳ级预警条件的海冰灾害时，近海、潮间带滩涂湿地和海水养殖池塘的海冰分布范围、堆积情况，海冰对海水养殖、航运的影响，对海岸带水禽等海洋生物生存和觅食的影响等海冰灾害的各种可能情景。及时通知海水养殖户抢收海水养殖产品、加固海水养殖设施、及时对海水养殖池塘充氧和破冰；及时通知受影响海域可能受到影响的货船、渔船及时就近靠港避险；避免过度采取防灾措施影响生产。

7.4.3.5 海洋大型藻类暴发灾害情景分析的内容及在应急管理中的应用

组织专家分别预测发生达到Ⅰ级、Ⅱ级、Ⅲ级、Ⅳ级预警条件的海洋大型藻类灾害时，近海海面、潮间带滩涂湿地分布的浒苔等大型藻类的数量及其生消变化，对海水水质和海洋生物的影响等海洋大型藻类暴发灾害的各种可能情景。在青岛市海洋大型藻类灾害应急预案中补充完善了上述灾害情景预测的内容，以便青岛市海洋大型藻类灾害应急指挥部及时确定采取何种措施、调集多少人员和船舶、车辆等防灾减灾设施、设备收集处置近海和潮间带滩涂湿地的浒苔等海洋大型藻类，海水养殖户何时、采取何种灾害应对措施，何时、采取何种措施保护近海和潮间带滩涂湿地海洋生物等。

7.4.3.6 赤潮灾害情景分析的内容及在应急管理中的应用

组织专家分别预测发生达到Ⅰ级、Ⅱ级、Ⅲ级、Ⅳ级预警条件的赤潮灾害发生时，赤潮生物分布的海域位置范围、赤潮生物的种类、可能受影响的渔业资源生物种类、赤潮对海水养殖的影响等不同等级赤潮灾害发生时的各种可能情景。在青岛市海洋赤潮灾害应急预案中补充完善了上述灾害情景预测的内容，以便青岛市海洋赤潮灾害应急指挥部及时确定采取何种措施、调集多少人员和船舶、车辆等设施、设备防御赤潮灾害，海水养殖户何时、采取何种灾害应对措施，何时、采取何种措施保护近海和潮间带滩涂湿地海洋生物等。

7.4.3.7 其他海洋灾害情景分析及在应急管理中的应用

在编制其他海洋灾害应急管理预案和通过采取应急行动防御其他海洋灾害时，也应采用情景分析法对其他海洋灾害的灾情、造成的损失等可能出现的情景进行分析，以便采取有效的灾害防御措施。

7.5 结论

通过对青岛市当前海洋灾害应急管理预案和应急行动的特征进行分析发现，与当前的海洋灾害应急管理工作现状相比，利用情景分析法的基本理论和分析方法预测各类海洋灾害在不同等级预警条件下发生的各种可能情景，可以更有效地对未来将要发生的不同类型、不同预警等级的海洋灾害的预测预警、灾情统计、采取有效的防灾减灾应急响应措施提供及时、可靠的理论依据，提高青岛市海洋灾害应急管理的水平。

参考文献

[1] 高小平，刘一弘．我国应急管理研究述评（上）[J]．中国行政管理，2009（8）：29-33．

[2] 赵月新，徐维．略论自然灾害的应急管理[J]．农业考古，2012（3）：61-63．

[3] 青岛市史志办公室．青岛市志：土地志/地震志[M]．北京：新华出版社，1999．

[4] 青岛市史志办公室．青岛市志：自然地理志[M]．北京：新华出版社，1997．

[5] 青岛市史志办公室．青岛市志：海洋志[M]．北京：新华出版社，1997．

[6] 青岛市统计局，国家统计局青岛调查队．2012年青岛市国民经济和社会发展统计公报[A/OL]．[2020-05-20]．http://qdsq.qingdao.gov.cn/n15752132/n20546841/n31130290/n32561558/180412092212069582.html．

[7] 齐平．我国海洋灾害应急管理研究[J]．海洋环境科学，2006，25（4）：81-84，87．

[8] 夏东兴，武桂秋，杨鸣．山东省海洋灾害研究[M]．北京：海洋出版社，1999．

[9] 袁本坤，曹丛华，江崇波，等．青岛市海洋灾害及其防御对策研究[J]．海洋开发与管理，2012（11）：56-61．

[10]《气候变化国家评估报告》编写委员会．气候变化国家评估报告[M]．北京：科学出版社，2007．

[11] 崔猛，牛茜茹，张绪良．青岛市海岸侵蚀的原因及防治[J]．中国农学通报，2012，28（5）：283-288．

[12] 杨世伦，陈启明，朱骏，等．半封闭海湾潮间带部分围垦后的纳潮量计算的商榷[J]．海洋科学，2003，27（8）：43-47．

[13] 张绪良．山东省海洋灾害及防治研究[J]．海洋通报，2003，23（3）：66-72．

[14] 陈之焕．青岛海边水母泛滥大量现身五四广场海域[EB/OL]．[2020-05-09]．http://yuqing.people.com.cn/BIG5/n/2012/0719/c210118-18551599.html．

[15] 中国海洋年鉴编委会．中国海洋年鉴（1991—1993）[M]．北京：海洋出版社，1994．

[16] 曾忠禄，张冬梅．不确定环境下解读未来的方法：情急分析法[J]．情报杂志，2005（5）：14-16．

[17] FAHEY L. Competitor scenarios: projecting a rival's marketplace strategy [J]. Competitive Intelligence Review, 1999, 10 (2): 65-85.

[18] 岳珍,赖茂生.国外"情景分析"方法的进展[J].情报杂志,2006(7):59-60,64.

[19] 曹斌,林剑艺,崔胜辉,等.基于LEAP的厦门市节能与温室气体减排潜力情景分析[J].生态学报,2010,30(12):3358-3367.

[20] 邓祥征,姜群鸥,战金艳.中国土地生产力变化的情急分析[J].生态环境学报,2009,18(5):1835-1843.

[21] 高惠瑛,莫善军,陈天恩.青岛市海况与海洋灾害应急信息管理系统研究[J].自然灾害学报,2004,13(4):88-92.

[22] 陈勇.夯实基础 突出重点:青岛市推动应急管理工作科学规范发展[J].中国应急管理,2011(4):32-36.

[23] 山东省青岛市人民政府应急管理办公室.青岛市应急管理半军事化工作的实践与启示[J].中国应急管理,2012(9):36-42.

[24] 山东省青岛市人民政府应急管理办公室.以评估促演练:青岛市出台应急演练评估指标体系[J].中国应急管理,2012(2):32-35.

[25] 山东省青岛市人民政府应急管理办公室.树立"准、快、严、实"理念全面提高突发事件信息报告水平[J].中国应急管理,2011(12):28-29.

8 胶州湾海岸带自然地理综合野外实习的内容选择

8.1 开展胶州湾海岸带自然地理综合野外实习教学应遵循的原则

遵循一定的原则选择适宜的实习教学地点和适当的实习教学内容是自然地理综合野外实习教学重要的前期准备工作。选择胶州湾海岸带自然地理综合野外实习的教学内容应遵循的原则如下。

8.1.1 实习内容与高师本科自然地理课程、中学地理课程的教学内容紧密结合原则

由于高等师范院校地理专业本科自然地理理论教学的内容包括地质、地貌、气候、水文、土壤、生物等自然地理环境的各种组成要素,所以实习内容应该尽可能地包含胶州湾海岸带自然地理环境的各个组成要素。此外,实习内容还应该与中学地理教学的内容紧密结合。

8.1.2 提高学生中学地理研究性教学和实践教学能力原则

作为多年来传统的以内陆地区自然地理环境为主要研究对象的自然地理实践教学的有效补充,海岸带自然地理综合野外实习教学的目的为有效提高学生研究性教学能力和指导中学课外地理实践教学能力。使参加实习的学生能够有效提高地理野外实践工作的能力,毕业后能顺利地组织中学地理课外科技活动,在中学地理教学过程中选择与青岛本地地理环境紧密相关的研究性课题,指导中学生的研究性学习。

8.1.3 实习内容少而精原则

目前,海岸带自然地理实习教学只能是对内陆地区山地、平原地区自然地理实习教学的有效补充,不是地理专业自然地理实习教学的主要内容,这

就决定了选择实习内容时要坚持实习内容少而精的原则。另外，海岸带自然地理实习教学的时间较短，也决定了选择实习内容时要坚持少而精的原则。

8.2 选择胶州湾海岸带自然地理综合野外实习教学地点应遵循的原则

8.2.1 代表性原则

自然地理综合野外实习教学的目的就是通过在野外指导学生对实习地点的各种自然地理要素进行观察、调查、采集标本等活动，引导学生把学到的自然地理学理论知识与客观存在的自然地理环境结合起来，达到感性知识和理性知识的有机结合。在胶州湾海岸带范围内选择实习地点时，应该首先考虑实习地点的自然地理环境及其变化是否能够反映出区域自然地理环境的主要特点和最重要的自然地理过程的规律。

8.2.2 可到达性原则

自然地理实践教学过程不同于一般的科学研究，学生实习的主要收获是强化理论知识的学习，不需要强调实习研究成果的原创性。在胶州湾海岸带大部分地区自然环境相对恶劣、交通不便的前提条件下，实习地点应该选择交通便利、实习过程中不会受到海浪、潮汐等危险自然因素影响的地方，有效保证参加实习的学生、教师人身安全的地方。另外，实习经费有限和实习时间短的限制也要求实习地点要具备较高的通达性。由于物价上涨等因素，自然地理实习经费普遍紧张，实习地点交通条件差引起的实习投入加大可能会影响实习教学过程的顺利进行。

8.3 胶州湾海岸带自然地理综合野外实习的内容和地点

8.3.1 实习内容

由于海岸带与内陆地区在自然环境方面存在较大差异，在胶州湾沿岸进行海岸带自然地理综合野外实习教学应选择与内陆地区自然地理综合野外实习有较大差异的实习内容。

根据选择实习内容应遵循的 3 个原则，初步确定实习内容如下。

（1）海岸带自然地理环境结构和自然地理过程

在海岸带自然地理环境结构方面，认识胶州湾海岸带地质构造单元的划分，胶州湾沿岸各地岩性地层划分及地层形成的地质年代、地层出露情况、地质构造和海蚀地貌、海积地貌；胶州湾沿岸地区的气候特征，胶州湾入海河流的水文特征，波浪、潮汐等近海水文特征，胶州湾沿岸地区的土壤类型、土壤的性质和分布规律，根据海洋与陆地相互作用的相对强度，将海岸带划分为潮上带、潮间带和潮下带；根据潮间带、潮上带地面组成物质和植被差异将胶州湾海岸带划分为基岩海岸、砂砾质海岸、粉砂淤泥质海岸等类型；在典型岸段、河口进行滨海湿地生态系统生物群落快速调查，认识胶州湾滨海湿地的类型、湿地植被特征，结合有关资料指导学生研究胶州湾海岸带湿地群落结构和植物区系构成特征、湿地植物群落的演化，湿地水禽的栖息地环境、湿地水禽的种类和数量及变化，胶州湾滨海湿地的景观格局变化及累积环境效应。

（2）参观胶州湾海洋生态系统定位研究站

通过实地参观和考察，了解由中科院组织建设并负责管理的中国生态系统研究网络（CERN）的构成及在提供基础监测资料促进科研创新方面的重要作用；了解胶州湾海洋生态系统定位研究站的环境监测项目，特别是河口和近海水质的取样过程和分析技术，海岸带浮游生物、底栖生物的动态监测技术，波浪、潮汐、台风、风暴潮、海岸侵蚀、海水入侵等海岸带水文、气象过程的监测技术。

（3）胶州湾海岸带生态环境保护

针对"十一五"开始建设的大沽河河口和胶州湾沿岸国家级湿地自然保护区，考察大沽河河口和胶州湾沿岸国家级湿地自然保护区的核心区、缓冲区及试验区，分析自然保护区的结构和功能，自然保护区申报和建设条件，研究自然保护区建设的社区参与方式等。在条件允许的情况下，指导学生进行胶州湾海岸带湿地水禽数量观测和水禽栖息地环境条件分析，认识海岸带湿地水禽的环境指示意义及观测、水禽环志、保护方式等。

（4）认识胶州湾及沿岸地区的自然灾害

在完成胶州湾海岸带自然地理综合野外实习基础上，分析胶州湾及胶州湾海岸带地区的各种自然灾害的类型、时空规律、形成原因、危害和主要防御对策等。例如，胶州湾及沿岸地区的干旱、暴雨、台风、雷暴、冰雹、洪

8 胶州湾海岸带自然地理综合野外实习的内容选择

水、风暴潮、海冰、入海河流断流等气象水文灾害,赤潮、大米草和互花米草入侵、水母暴发等海洋生态灾害,地下海水入侵、土壤次生盐渍化、胶州湾泥沙淤积减小等地质灾害发生的频率、强度、时空规律,产生上述自然灾害的自然原因、人为原因,对胶州湾海洋生态系统及海洋渔业生产的危害,可能的防御对策等。

8.3.2 实习地点

遵循代表性原则和可到达性原则,实习地点的选择方法是以重要实习地点为核心、以环胶州湾高速公路作为主要的实习路线,实习路线贯穿实习地点。在实习过程中,沿实习路线指导学生对胶州湾海岸带自然地理环境进行一般的考察,使学生对胶州湾海岸带自然地理环境结构形成一个初步的认识,在实习地点指导学生进行详尽、深入的考察或参观见习。拟设定6个胶州湾海岸带自然地理综合野外实习地点,自青岛市区沿胶州湾海岸分别为白沙河河口、红岛、胶州湾海洋生态系统定位研究站、大沽河河口、洋河河口及胶州市营海镇潮上带盐沼湿地分布区。

8.4 胶州湾海岸带自然地理综合野外实习的具体方式

8.4.1 野外考察、现场参观

组织和指导学生进行野外考察、现场参观是自然地理综合野外实习的核心环节。为有效地组织和指导学生完成自然地理综合野外实习的野外考察、现场参观,应该做好充分的准备工作。参加实习指导的教师应该大量搜集实习区域的各种文献资料,包括地形图、航片、卫片、地质图、第四纪地质图、植被、土壤及土地类型图等图件,通过阅读、分析和归纳资料对实习区域的自然地理环境形成一个初步的认识;组织参加实习指导的教师沿实习路线对设定的实习地点进行预查,确定在各个实习地点应该向学生讲授的内容;准备好实习过程中需要的仪器设备(如数码照相机、手持GPS、罗盘、放大镜、流速仪、水质取样器、pH试纸、蒸馏水、植物标本夹、植物检索表、体视显微镜等)和材料,在实习开始前对参加实习的学生进行必要的仪器使用培训。

实习过程中,教师对要指导学生在实习路线的典型地段自然地理环境和自然地理过程进行必要的考察，使学生对海岸带类型、入海河口和滨海湿地等典型景观类型形成一个初步的感性认识。在各个实习地点，指导学生对各种自然地理要素进行细致的观察与测量，完成标本、样品的采集，初步鉴定和记录，野外填土，摄影等。在以学生参观为主的实习地点，要组织好学生认真听取当地专业技术人员的介绍，确保参观结束后学生能掌握胶州湾生态试验站的海湾生态环境监测项目、监测技术和监测意义。

8.4.2 指导学生设计并完成小型研究性课题

传统的自然地理综合野外实习教学方式一般是在实习结束后，指导学生结合实习的感性认识对实习区域的资料进行整理和综合分析，完成野外调查报告或综合实习报告。这不利于提高学生的科研创新能力，也不利于培养学生科学有效的学习方法。

为改善实习的效果，计划在胶州湾海岸带自然地理综合野外实习结束后以实习小组为单位组织和指导学生设计并完成小型研究性课题。课题设计应考虑3个方面的问题：一是研究内容的范围不能过大，应该以学生能利用实习期间取得的第一手资料，在结束实习2~3周内完成为宜；二是课题研究内容难度要适宜，要确保课题有一定的难度，通过完成项目研究既能巩固实习效果，又不会因题目难度过大学生没有能力完成，打击了他们的积极性，使学生对科学研究丧失兴趣；三是选择的研究性项目要与实习指导教师的研究方向保持大致相同，以便教师对学生的项目研究进行有效的指导，保证项目研究报告的学术水平。教师应在如何查阅和使用文献资料、研究报告写作方法方面做认真的指导。

除教师提供的实习研究性课题外，还应该特别鼓励学生自己提出研究性课题，教师帮助学生对研究项目进行可行性论证，完善课题研究内容和研究方法。学生实习后自己提出课题进行研究对于学生提高自身的科研能力和指导中学地理实践教学的能力特别有效。

8.4.3 实习结束后对学生完成研究性课题进行指导与评价

8.4.3.1 研究性课题的设计及完成过程

（1）准备阶段

①准备知识。教师或指导专家向学生介绍研究课题的性质、目标、意义等；教师或指导专家向学生介绍一般的科学研究方法，国内外学生完成研究

性课题的成功经验；介绍当前人类发展面临的问题等。

②选择课题。课题选择决定着研究成果的价值和研究过程的成败。课题来源：主要是在学习生活和社会生活中遇到和想到的问题，可以是教材内容的拓展和延伸，也可以是对各种自然现象和社会现象的探究。选题的原则：目的性原则，科学性原则，创新性原则，可行性原则。选择课题应注意：大小适中，难易适当，题目陈述要简洁、适当、明了。

③组织课题研究小组。研究课题都有一定的艰巨性和复杂性，所以要组织课题研究小组，共同完成课题研究。

④设计课题（开题论证）。指出课题研究的目的和意义、国内外研究现状、研究内容、研究方法和手段（观察法、实验法、资料分析法等）。

⑤制定研究方案。包括课题名称、课题组成员、研究内容和目标、研究现状、可行性分析、课题研究的创新之处、成员分工、研究程序和步骤、经费预算、参考资料的收集、调查问卷的编制等。

（2）研究性课题的实施阶段

①收集事实资料。包括文献资料、录音资料、调查问卷、实验数据、测试结果、观察记录等。应注意资料的客观性、时效性。

②整理事实资料。核对、分类、挑选，保证资料的代表性、可靠性。

③分析处理事实资料。逻辑分析、统计分析等，得出研究问题的规律。

④得出结论。把事实资料反映出来的规律进行客观、科学、严谨的概括，得出课题的研究结论。

（3）形成成果阶段

①确定研究成果的表现形式。如观察报告、实验报告、实验总结、测量报告、研究报告、论文、专著、计算机软件、应用模型等。

②确定研究成果的结构。各种研究成果一般都是由6部分构成的，包括题目、署名、引论（研究的目的、意义、研究现状、要解决的问题等）、主论（包括研究方法、研究结果与分析、讨论）、结论、引文注释和参考资料。讨论研究方法的科学性和局限性、研究成果的可靠性和应用范围等。

③撰写研究成果。确定题目，拟定提纲，成果写作，推敲修改。

8.4.3.2 研究性课题的评价总结

研究性课题完成后，在指导教师的帮助下，对研究方法的科学性和正确性、研究成果的质量、研究过程中的参与度、合作意识、体验感受等进行全方位的总结评价，以获得更进一步的理性认识，并修正和改进研究成果。这一阶段有利于完善研究成果和提高学生的研究能力。研究性课题的评价总结包括3个阶段的工作。

（1）选定评价形式

①形成性评价。对研究各阶段的运行过程进行评价，包括对研究的准备、实施、成果的形成等各环节的评价。

②总结性评价。对研究获得的成果，从其理论价值、实践价值等方面进行整体的、全面的评价。

③实验验证。变更研究对象重复研究，看是否取得同样的研究成果；把形成的理论用于其他同类事物，观察或测定其效果；按照比较严密的程序组织实验，来测定某一设想、初步结论的效果。

（2）实施评价

实施评价要注重研究过程而非研究成果；要注重知识技能的运用而非掌握知识的数量；注重参与实践研究获得的体验和感悟，而非一般地接受别人传授的经验。所以研究性课题成果评价主要采取形成性评价的方式，强调对过程的评价。

（3）完善成果，总结经验

课题小组在听取了老师和同学的评价、建议后，要针对研究成果的不足之处不断进行修改、完善。

8.5　实习结束后学生可以选择完成的研究性课题示例及评价

8.5.1　实习结束后学生可以选择完成的研究性课题

①胶州湾滨海湿地水禽观测；

②胶州湾滨海湿地生物多样性研究；

③胶州湾湿地的退化研究；

④胶州湾滨海湿地氮、磷循环过程及调控研究；

⑤胶州湾滨海湿地的生态功能价值估算；

⑥胶州湾滨海湿地保护的社区参与机制研究；

⑦胶州湾滨海湿地景观动态变化分析；

⑧唐岛湾国家湿地公园的生物多样性特征；

⑨唐岛湾国家湿地公园湿地生态系统服务价值评估；

⑩胶州少海国家湿地公园的生物多样性特征；
⑪胶州少海国家湿地公园湿地生态系统服务价值评估；
⑫胶州湾春季北迁鸻鹬鸟类多样性价值评估；
⑬中山公园自生植物多样性研究；
⑭青岛市有害外来入侵植物的危害；
⑮唐岛湾国家湿地公园生态旅游的社区参与机制研究；
⑯青岛市森林生态系统服务价值评估；
⑰青岛市农田生态系统服务价值；
⑱青岛市森林生态补偿标准测算及补偿方式；
⑲青岛市基本农田生态补偿标准测算及补偿方式；
⑳青岛市珍稀濒危植物保护现状及对策；
㉑青岛市近海的浒苔暴发灾害；
㉒青岛市近海的水母暴发灾害；
㉓胶州湾滨海湿地的鸟类多样性特征及保护。

8.5.2 学生在胶州湾自然地理综合野外实习基础上完成的研究性课题示例及评价

【示例1】

我国黄海水母灾害研究现状与展望

（×××，地理科学专业2016级本科生）

1 水母灾害概况

近年来，海洋生态灾害发生的频率与种类不断增加，继赤潮、绿潮等生态灾害之后，水母泛滥已成为全球范围内的新型海洋生态灾害。20世纪90年代中期以前，我国沿海水母灾害只是偶有发生，并未引起人们的重视。近年来，我国近海生态系统在全球气温升高、沿岸人类活动强度加大、渔业资源捕捞过度等多重压力下发生了很大变化，水母灾害暴发逐渐频繁，黄海南部海域出现了大型水母暴发的现象。2003—2014年，多次出现因水母暴发导致电厂取水口网具阻塞、近海渔获量减少和海滨浴场伤人事件。2004年渤海辽东湾白色霞水母异常增殖尤为显著，造成海蜇减产约80%，渔业减产60%以上。2003—2016年中国海洋环境质量公报显示，海滨浴场平均每年被水母蜇伤的人数达 1400 人之多，引起死亡总人数为 21 人。在滨海发电厂、淡化水厂及核电站等工程区，也频频出现水母缠绕、堵塞上述工程设施取排水口的事故。例如，2009 年华电青岛发电有限公司海水循环泵的过滤网遭到了水母的"袭击"，青岛市 1/3 工业和居民用电受到了严重威胁。再如，2013 年辽宁红沿河核电站冷却水取水口出现水母大量聚集，严重威胁核电站的安全运行。水母暴发不仅给当地经济和生态造成了严重的损失，还对滨海旅游业产生了严重影响。水母灾害的频繁暴发已经严重威胁了海洋生态系统的服务功能，也为我国近海生态系统的健康状况敲响了警钟。

目前，我国沿海形成水母灾害的种类主要有霞水母、沙海蜇、海月水母、多管水母、僧帽水母等，而且大部分为有毒种类。对水母灾害进行深入研究、掌握其发生的规律、探索其形成的条件、建立水母灾害预警预报系统，有利于防御水母灾害发生及在灾害应急处置过程中提供有效的技术支撑。

2 研究现状

2.1 研究发展进程

20 世纪 90 年代中期以前，由于水母灾害发生频率较低，加之水母的经济价值较小，导致针对水母的研究较少。这阶段的技术特点是被动地发现水母灾害，仅限于对水母灾害现象的定性描述，监测技术尚未起步，面对水母灾害时人们束手无策。20 世纪 90 年代中期至 2010 年，由于水母灾害发生逐渐频繁，中国水产科学研究院开始了有目的地组织对水母灾害的观察和研究，逐步开展了海域内理化、水文、气象、海况等因子与水母灾害的相关性和监测点的布设、采样方法、检测方法等方面的研究。2010 年以来，由于水母灾害问题逐渐得到重视，针对水母灾害监测技术、水母灾害应急处置技术和水母灾害预警技术的研究逐步展开，例如，国家海洋局北海环境监测中心承担的"典型海域水母灾害监测预警技术业务化应用与示范研究"、中国科学院海洋研究所承担的"中国近海水母暴发的关键过程、机理及生态环境效应"和"我国近海水母灾害的形成机理、监测预测及评估防治技术"等国家级科研项目先后启动。

2.2 水母生活史研究

国外学者对水母生活史的研究起步较早，19 世纪 90 年代已有记载，国内相关研究起步较晚，1981 年丁耕芜等发表了《海蜇的生活史》，开始了我国水母生活史研究。目前，我国对海蜇、海月水母、白色霞水母、多管水母、黄斑海蜇等常见大型水母的生活史研究比较详细，研究了受精卵、螅状体、横裂体、碟状体、幼体和成体期的形态变化及其生活习性，以及温度和营养条件对生活史各阶段的影响。孙松等发现无性生活史是影响各暴发水母种群变动的重要因素。马喜平等通过对水母生活史的观察还发现，水母在海洋生态系统食物链中处于"盲端"地位，只有鲳鱼、海龟等极少数种类喜食水母，但水母却能够利用其刺胞毒素杀死小型生物和摄食大量的浮游动物，从而与鱼类进行食物竞争。据此普遍认为，一旦水母灾害暴发，海洋生态系统将会从以硅藻—甲壳类浮游动物—鱼类为主的生态系统，转变为以甲藻—原生动物和微型浮游动物—水母为主的生态系统，其结构和功能的根本性改变对海洋渔业资源是毁灭性打击，海洋生态平衡将会遭受重创。对水母生活史中某些关键过程的研究，将为揭示我国近海大型水母灾害的暴发机理提供重要的生物学基础。

2.3 水母暴发的理化影响因素研究

不同水母灾害的暴发所需要的环境条件不同，目前对水母灾害暴发区水温、盐度、pH 值、溶解氧、磷酸盐、硝酸盐等理化因子已开展了广泛的研究，水温和盐度是水母暴发的关键因子已形成普遍共识。蒋双等指出足囊的形成与繁殖和横裂生殖的发生是大型水母无性生殖的两个关键阶段，也是影响大型水母暴发数量的两个关键阶段，温度在这两个阶段中起着重要作用。10 ℃以下螅状体不形成足囊，足囊在此温度下也不萌发；在 15～30 ℃范围内，形成足囊的螅状体数量随温度升高而增多。鲁男等通过研究温度和相对饵料丰度对海蜇水母体生长的影响，指出周期性变温有利于水母能量的储存和利用。程家骅等研究了东海区大型水母数量分布特征及其与温度、盐度的关系，认为水母各种分布状态与温度和盐度存在着一定的规律，冷暖水团直接诱导了水母暴发。通过研究东海水母类丰度的动力学特征，认为盐度是影响水母类数量变化的主要环境动力学因子，水温是次要因子。通过对夏季长江口及邻近海域水母类生态特征研究，认为水温和盐度变化是造成优势种类更替及水母类分布变化的主要原因。自工业革命开始，海水酸度已经升高了 30%，预计到 2060 年海水酸度将会增加 120%。海洋酸化引起的海水化学变化必然影响海洋生物的生理代谢。海洋酸化究竟在多大程度上影响水母在海洋生态环境中的地位，目前的研究还未能显示其相关性。

2.4 浮游生物与渔业资源量

水母主要以浮游生物和少量的鱼卵、仔鱼为食。与1958年全国海洋综合调查相比，现在记录的浮游动物种类数明显增多，其中，以水母类、桡足类种类数增加最为明显；同时由于海洋渔业的迅猛发展，捕捞强度过高导致了渔业资源的衰退，在生态系统中水母的捕食压力骤减，其饵料生物量激增。只要水母成为海洋生态中浮游生物的主要消费者，其生长就异常迅速，极易形成水母大面积暴发的生态灾害。马喜平等研究了渤海水母类生态的种类组成、数量、分布和季节变化，指出水母密度高峰期主要出现在夏、秋两季，大型水母占据绝对优势。严利平等对东海、黄海大型水母类资源动态及其与渔业的关系进行了探讨，指出东海、黄海海域水母数量的剧增伴随着渔业资源密度下降。仲霞铭等对霞水母的暴发与海洋生态之关联性进行了研究，提出引发霞水母灾害的4个方面的原因：海洋渔业资源的衰竭导致生态系统中种间竞争损耗率降低；中上层低值鱼类资源量的急剧下降直接导致海域中小型浮游生物的生物量大幅升高，为霞水母生长、发育提供了丰富的饵料基础；夏季休渔制度的实施，减少了捕捞活动干扰，为霞水母生长、发育创造了平静的海域环境；霞水母捕捞数量相对较少。以上研究虽然指出浮游生物的丰度与水母灾害暴发关系存在其合理性，但是在渔业资源持续衰退的大环境下，2003年却是世界范围内的"水母年"，这一现象却无法解释。

2.5 生物入侵

生物入侵也会影响水母暴发。外来水母类由于缺少天敌、在适宜的温度和充足的食物资源条件下，能导致其生物量猛增，最终成为优势种。同时由于竞争作用，还会导致本地水母类群生物量下降。例如，联合国环境规划署海洋环境保护科学问题联合专家组为了控制黑海中水母的数量，引进其天敌三刺低鳍鲳和卵形瓜水母，该措施已降低了黑海南部指瓣水母的数量。其中，卵形瓜水母是通过捕食—反馈系统来直接影响指瓣水母的数量。

综上所述，水母灾害暴发的成因非常复杂，既受环境因素的影响，又受人类活动的影响，加之水母自身生长速度快，再生能力强，并具无性繁殖等快速繁殖方式，这些因素共同影响了水母灾害的暴发。

参考文献

略。

【评价】

根据该同学完成的研究性课题情况，实习结束后应加强对学生完成研究性课题的过程性指导，学生完成选题后要及时、多次与学生沟通，主动询问学生的文献收集、整理阅读及报告的整体构思情况，也要针对报告格式提出明确的要求。

【示例2】

混合现实技术在地学研究和地学教育中的应用前景

（×××，地理科学专业2016级本科生）

摘　要：混合现实技术是一种新兴的技术，在结合了成熟的微电子技术及三维扫描及投射技术后，能够以全息影像这种崭新的方式来展示三维信息。这一技术与目前的虚拟现实技术（VR）有相同之处，但更有改进，其应用领域将比虚拟现实技术更广阔，以微软为首的传统PC阵营也都开始在此技术开发领域发力，很多有远见的公司和机构也都参与进来；在合理的开发后，未来混合现实技术也一定将会在中国地学研究和地学教育中推广普及。

关键词：三维扫描技术；深度感知摄像头；全息投影；混合现实；地学研究；地学教育

0　引言

与目前应用广泛的虚拟现实技术不同，混合现实技术（mixed reality）旨在建立一个未来的PC形态，不是用一块单纯的屏幕来显示计算机处理后输出的各种内容，而是采用全息影像来展示PC的输出内容，也就是全息计算机技术。目前，微软是混合现实技术研发的领跑者，其旗下的Hololens是目前世界上最完善的全息计算机，并且微软基于Windows着力构造的生态系统也形成了雏形，微软领导联想、宏碁等厂商生产的廉价混合现实设备目前已经公布并开始生产。这意味着目前混合现实技术已经进入商业开发阶段，混合现实技术的应用普及并不遥远。目前，中国在这一领域还仅仅处于理论讨论阶段，还没有开展大规模的研发活动。为了紧跟时代步伐，建议国家开展混合现实技术地学应用研究，为中国地学研究提供新技术、新方法支持。

1 混合现实技术基本原理

微软全息计算机 HoloLens 生成、输出全息影像主要利用 2 个突破性混合现实技术的设备。一个是深度感知摄像头（depth camera），深度感知摄像头能够在一个微型设备上实现对周围空间进行三维扫描，并且使 HoloLens 实现了手势控制；另一个是透视全息透镜，透视全息透镜能够把全息影像投射到镜片上，从而透过镜片能够看到全息影像。有了深度感知摄像头、透视全息透镜这个具有突破性混合现实技术的设备，加上目前技术上已经成熟的各种微芯片和微传感器，便诞生了全息计算机 HoloLens。

深度感知摄像头。微软公司在其另一代表产品 Kinect 上使用了深度感知摄像头，一代 Kinect 深度感知摄像头采用目前最成熟、应用最广泛的结构光技术和三角测距原理，通过激光发射器投射出一束红外激光，这束红外激光经过衍射光栅的衍射作用被分成了多束，在周围空间形成了一个随深度而改变的图案，这个图案可以被红外感受器接受后作为坐标标定空间（图1）；二代 Kinect 深度感知摄像头采用了飞行时间法（TOF），其原理为深度感知摄像头拥有一个红外光源，深度感知摄像头不仅记录传感器感受到的红外光强度信息，还记录红外光从光源到该像素点的传播时间信息，这样就能通过收到的红外光强度信息和红外光传播时间信息构建立体图像（图2）。一代、二代 Kinect 深度感知摄像头产生的立体图像没有波长信息，因此必须利用传统摄像头配合才能生成彩色图像。目前，微软 Kinect 深度感知摄像头已经具备 3D 影像扫描、体感识别、面部识别等功能，未来有很好的发展前景。

透视全息透镜。采用了光波导技术的透视全息透镜，透过层叠技术来把图像投射到镜片上，该领域目前的成果也有很多，实现效果多种多样。

此外，成熟的微处理器能够为全息影像设备提供充足的计算能力，HoloLens 采用了英特尔定制的 HPU 1.0，其实就是一个专门为混合现实技术设备优化的 X86 架构，32 位元的微处理器，能够支持 HoloLens 定制 Windows 10 系统流畅运行，并且能够运行为其优化过的 UWP 软件。

2 混合现实技术在地学研究和地学教育中的应用前景

全息影像技术是一种已经存在于科幻小说中的信息采集与展示技术，随

8　胶州湾海岸带自然地理综合野外实习的内容选择

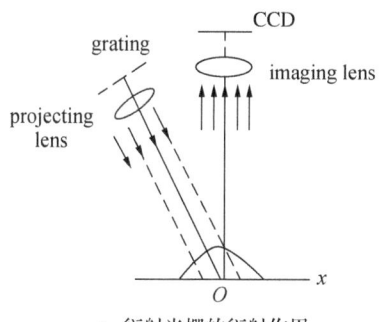
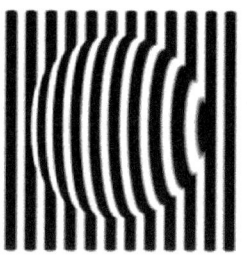

a　衍射光栅的衍射作用　　　　b　红外激光衍射后形成的图案

图1　结构光3D成像原理

（注：引自参考文献［1］）

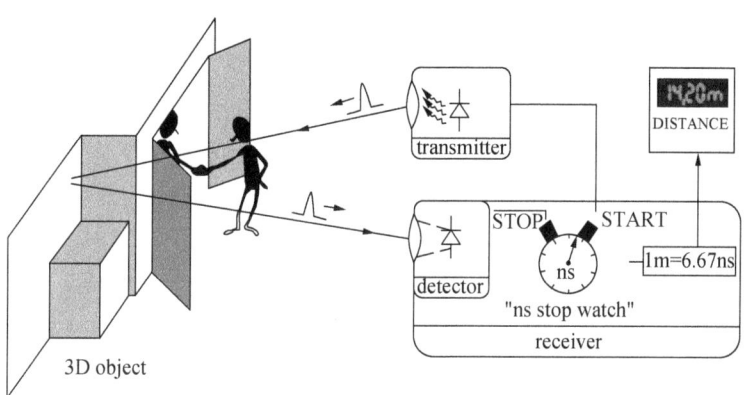

图2　TOF测量基本原理

（注：引自参考文献［2］）

着该技术的日趋成熟，该技术在地学研究、地学教育中的应用前景将非常广阔。在自然地理考察活动中，往往要去一些人迹罕至甚至会有危险的地区，尤其是在像中国这样地理条件复杂的区域。对于上述未知区域，混合现实技术可以帮助研究人员实现远距离初步分析，降低考察的危险性。以HoloLens的技术潜力，在合理开发后，完全可以实现这样的效果：只要佩戴上HoloLens，眼前的场景可以自动形成三维坐标，并且可以通过手势控制和互动，对看到的岩石等目标物进行初步分析，更可以通过深度感知摄像头感知高度等，从而对目的地有一个初步了解，更好地开展下一步考察与研究。在考察中，佩戴HoloLens可以对实时发现的目标物与已有数据库进行对比，从而形成一个对未知物的初步判断，也可以对目标物进行全方位扫描并进行3D建模，如果搭配其他技术，通过数据传输给远方的分析机器，可以进一步确定研究物的成分、运动状态等信息，更好地达到考察目的。

对刚开始从事自然地理考察的学生来说，采用全息影像技术进行学习有助于提高地学考察的效果，对于一些在课堂上没有接触或没有实践过的内容，可以在实地没有指导老师的情况下学习，不仅节约了指导老师的时间，而且可以通过与老师视频连线传递全息影像，向老师汇报考察进展，与老师交流讨论遇到的问题，克服目前地学教育教学以理论教学为主的局限性。

在具体实现方式上，可以在无人机上安装混合现实技术应用的三维扫描设备，让无人机替代人类完成实地调查工作。在远程操控时相比在复杂的地形环境中，地学专家可以更专心、理智地去判断当前正在发生的地学过程和现象，讨论推演其变化形成过程，提高思考的准确率和深入程度。利用混合现实技术生成的全息影像分析探讨地学问题时，可以直接在三维模型中模拟未来的变化过程，让其按照预定思路演变，以验证研究推测是否正确。如果被认为是错误的可以直接推翻再来，同时操控飞行器对专门地方进行细节性探测，再不断进行改动与优化细节，最后可以一步步地逼近现实的变化情况。

使用无人机搭配混合现实技术最好的优点就是节约人力物力，并且可以减少人员伤亡，在险峻的地方作用更大。无人机航拍影像具有清晰度高、大比例尺、小面积、高现势性等优点，特别适合获取公路、铁路、河流、水库、海岸线等带状地区航拍影像。且无人驾驶飞机为航拍摄影提供了操作方便、易于转场的遥感平台，起飞降落受场地限制较小，在操场、公路或其他较开阔的地面均可起降，其稳定性、安全性好，转场等非常容易。小型轻便、低噪节能、高效机动、影像清晰、轻型化、小型化、智能化更是无人机航拍的突出特点。这些特点如果结合了混合现实技术的部分功能，相信能够发挥出更大的作用。

然而，以HoloLens为代表的混合现实技术还存在诸多缺点。混合现实技术作为一种新兴技术，尽管是实力强劲的微软公司所主导其发展，在发展初期仍然没有克服设备重量大的缺点，因为其代表HoloLens是一种佩戴型设备，如果实地调查时间太长，可能对头部产生一定压力，让使用者疲劳。然而，就像电脑一开始是巨型计算机，发展到现在变成微型计算机一样，混合现实技术设备重量大的缺点将会随着科技的发展而完美解决。

此外，目前混合现实技术形成全息影像还有一定时间延迟，这可能会影响体验，不能让用户有实时交互性体验。这种时间延迟（motion-to-photon latency）包括从用户的各种输入活动到因此活动造成的显示图像变化到达用户眼睛的全部时间。这里主要讨论因头部运动造成的时间延迟。Oculus 首席科学家 Michael Abrash 此前在 Valve 工作时专门发表过一篇文章介绍降低延迟的难度，包括 Oculus Rift CV1 在内的目前主流 VR 设备延迟在略小于 20 ms 的水平。微软的 Hololens 设备已经可以把时间延迟降低到 10 ms 以下，这让很多用户感觉到显示的虚拟物体就像固定在现实场景中一样。

混合现实技术的空间感知包括视觉 SLAM 算法、物体识别、手势识别输入和根据深度摄像头对场景进行三维重建等功能，这些功能的算法随着近期计算机视觉和深度学习等技术的迅速发展将逐渐进入实用化阶段。不过这些技术应用在 MR 眼镜上面临的困难是它们都需要很大的计算量。好在近期面向移动平台的计算机视觉和深度学习专用处理器都已出现。除 Hololens 的 HPU 外，最近被 Intel 收购的 Movidius 就专门生产面向移动平台的计算机视觉和深度神经网络处理器，还有诸如 IBM 和国内的一些公司也在设计开发功耗极低的人工神经网络处理器。

在地学教育领域，混合现实技术应用前景更为广泛，能极大地方便地学这种极其需要实践的学科的教学。目前，位于美国俄亥俄州克里夫兰的以独立研究闻名的顶级私立大学凯斯西储大学（Case Western Reserve University，CWRU）已经在医学教育方面应用了混合现实技术，并取得了不错的教育成绩。地学教育也是同样非常需要实践的，这是一个极好的可以借鉴的案例。在中国，很多学校的地理实践教学缺乏各种条件，使得学生很难身临其境地体会各种实地状况；合理应用 MR 技术能够使我国一些缺乏实践教学条件地区的高校地理系学生更容易地学习复杂的地学知识。毕竟，混合现实技术是一种能够足不出户就能体验世界各地场景的先进技术。

《地质学与地貌学》是地理科学专业的专业基础课程之一，该课程的教学目标是提高学生地学科学素养，打牢地学基本学科知识，培养学生对各种基本地理现象的基本认知能力。现在的《地质学与地貌学》教学主要利用语言讲述、图片展示、多媒体播放等方式进行，这些不是单纯的片段式灌输教育，就是移动式的流程教育，都以二维图像为基础，学生缺乏对各种地理现象的深刻理解。若采用实地考察和体验方式，虽教学效果明显增强，但受各种条件影响很不现实。而混合显示现实技术将已经扫描或设计出的空间三维模型在设备辅助下在三维空间中立体地投射出来，在头戴显示器辅助下，可以清晰地看到各种自然地理过程的变化，还可以随时在虚拟空间中将变化过程的细节进行放大与缩小，混合现实技术具有传统教学方法无法比拟的实时感受性，它能给使用者身临其境之感，这有助于加深对知识的理解与感悟。以海蚀平台为例，海岸带波浪冲击与破碎的情况变化多样，单凭文字与图片并不能让人深刻理解，而侵蚀过程又过于漫长，即使是去一两次也并不能感受到海蚀作用的全部变化过程，而应用混合现实技术不仅能有助于同学们理解海蚀地貌的形成过程，培养其思考能力，更方便了老师的三维教学展示。在扫描设计好基本三维立体变化模型的条件下，就可以清晰地看出波浪对海蚀平台冲击作用与波浪携带泥沙的磨蚀作用，以及波浪一步步地将高地侵蚀成为海蚀平台或海蚀柱。学习构造运动时，把构造运动做成一个运动模型，学生在学习理论知识的同时，利用混合现实技术快速地展示地质构造过程，也可以加深学生的理解。学习三大类岩石相互转化时，把三大类岩石的相互转化过程编制成一个 MR 对象，利用混合现实技术学习时，相当于学生和一台互联网终端链接，可以随时动动手指点开火成岩或是变质岩的构造、结构、特点等知识点，清晰地看到各类岩石之间是如何转化的。

3 结论

　　混合现实技术是一种便捷的地学研究、科考方式。经过 20 余年的发展，混合现实技术已经取得了长足进步，核心技术与设备都已经基本成熟，走向商业化道路，逐渐进入到人们的生活中。目前，我们经由上述美国一级大学的投入使用实例，可以预见到它在地学研究和教育方面的应用前景。就像我们目前所推崇的 MOOC、网易等网络公开课，也许未来我们可以应用混合现实技术进一步丰富教学形式，感受遥远的现实。在地学科学考察中，通过利用混合现实技术，遥远的距离可以被忽略，危险可以避免，辛苦可以变得轻松写意。在今后普遍应用后，此技术也可以应用于仪器设计、成果检验或者环境实验中，提高研究准确性与合理性。

　　未来混合现实技术的应用前景极为广阔，作为一种可以产生实用型全息影像的技术，使各种虚拟对象 3D 实体化，可能引导下一次信息技术革命，从而在许多领域产生革命性的影响。在地学方面，我们需要有前瞻性，提前准备部署技术研发，以推进地学教学与研究活动，使研究方式方法跟上时代步伐。

地学作为以地球为研究对象的严谨学科，最重要的是观察思考、总结规律。试想如果未来我们足不出户就可以看到并采集到这个世界的基本数据并进行实时分析，得出精准的结论，这样混合现实技术也许就能成为我国地学发展的助推剂，让我们更快的领会地学奥秘。

参考文献

略。

【评价】

该同学完成的报告形式较规范，选题抓住了科技发展的前沿与学科结合的领域，但与胶州湾海岸带自然地理综合野外实习的实习内容结合不够紧密，对地理课程教学特点了解不够深入。出现上述问题的主要原因也是缺乏过程性指导。

参考文献

[1] 张绪良．优化自然地理学系列课程实验教学的对策［J］．实验室研究与探索，2010，29（1）：104－107，137．

[2] 张绪良，明世顺．海岸带自然地理野外实习教学的设计及实现［J］．高师理科学刊，2006，26（2）：106－109．

[3] 杨云源，王学良，徐成东．移动端辅助的地理师范生综合自然地理野外实习［J］．中学地理教学参考，2018（12）：58－60．

[4] 朱文博，朱连奇．河南省高校自然地理野外实习基地建设的思考［J］．安阳师范学院学报，2018（2）：141－144．

[5] 刘俊娥，薛志婧，朱冰冰，等．基于能力培养的自然地理野外实习教学模式探索与实践［J］．教育教学论坛，2018（15）：109－110．

[6] 陈小梅，姚庭玉，钟倩欣，等．智能手机在自然地理野外实习中的应用探讨［J］．大学教育，2016（10）：23－24，28．

9 实习教学成果在中小学综合实践活动课程教学中的应用

9.1 中小学综合实践活动课程设置及基本教学目标

　　综合实践活动课程是在教师指导下，以学生的生活和学习经验为基础，通过实践密切联系自身生活和社会现实、综合应用知识，以学生自主进行综合性学习活动为主要教学方式的综合性、实践性课程。2017年9月25日教育部印发的《中小学综合实践活动课程指导纲要》（教材〔2017〕4号）指出，综合实践活动课程是国家义务教育和普通高中课程方案规定的必修课程，与学科课程并列设置，是基础教育课程体系的重要组成部分，自小学一年级至高中三年级全面实施；综合实践活动课程要从现实生活和学生发展需要出发，以考察探究、社会服务、设计制作、职业体验等实践教学环节为主要教学方式，以培养学生综合素质作为主要教学目标，是具有高度学科综合性、交叉性和实践性特征的课程。

　　中小学教师选择、确定综合实践活动课程的教学内容具有自主性、实践性、开放性、整合性、连续性等特征。小学和初中义务教育阶段教师在完成综合实践活动课程教学过程中，认为综合实践活动课程应包括研究性学习、社区服务与社会实践、劳动与技术教育、信息技术教育等指定性内容，以及由各地区和学校根据自身实际情况确定的非指定性内容。高中阶段的综合实践活动课程教学内容主要包括研究性学习、社区服务与社会实践3个方面。

9.2 小学低年级综合实践活动课程中的实践性海洋环境教育内容设计

9.2.1 小学低年级综合实践活动课程考察探究活动推荐主题

　　《中小学综合实践活动课程指导纲要》推荐的小学1—2年级考察探究

活动主题有神奇的影子、寻找生活中的标志、学习习惯调查和我与蔬菜交朋友。这4个考察探究活动主题有一定的知识性、趣味性和实践性，能够寓教于乐，也能达到养成良好学习习惯和生活习惯的教学目的。

9.2.2 小学低年级综合实践活动课程各考察探究活动推荐主题的基本教学要求

这些考察探究活动主题的基本教学要求包括体验踩影子、手影游戏的乐趣，了解影子在生产生活中的应用，创作、交流展示简单的手影游戏、故事、舞蹈；收集周围环境中的安全标志、交通标志、社会团体类标志、汽车标志等各种标志并理解其含义；了解和观察本班（年级）同学的读写姿势、使用文具、阅读等方面的习惯，讨论总结不良学习习惯的表现、危害，研究和分析养成良好学习习惯的方法，开主题班队会，引导学生认识养成良好学习习惯的重要性，持续开展学习好习惯宣传与不良学习习惯纠错活动，相互帮助，自觉养成良好的学习习惯和行为习惯；组织、引导学生交流对吃蔬菜的态度，到菜市场或菜田考察蔬菜形状、种类，了解食用蔬菜对学生成长的重要性，选择种植一种芽苗菜，体会种植的快乐与辛苦。

9.2.3 小学低年级综合实践活动课程各考察探究活动推荐主题的教学目标

小学低年级综合实践活动课程各考察探究活动推荐主题的教学目标包括初步体验科学探究成功后的获得感和乐趣，提高收集、整理、分析和利用信息的能力，引导小学生初步形成遵守规则的意识，增进学生对蔬菜的情感，培养学生多吃蔬菜等良好的饮食习惯。

9.2.4 小学低年级综合实践活动课程各考察探究活动推荐主题开展海洋生态环境教育教学的基本思路

在这些考察探究活动教学指导过程中若要体现海洋生态环境教育特色，可以指导学生寻找青岛市海洋与渔业局、青岛港和栈桥、奥帆基地等海滨旅游景点标志，引导低年级小学生关注海洋、培养他们热爱海洋的情感和保护海洋生态环境的意识，开展做岛城小主人、保护海鸥主题班会；在与蔬菜交朋友考察探究活动中，可以引导小朋友相互交流对吃海带、凉粉等海藻食品的态度，带小朋友到农贸市场和海边了解海带、紫菜、裙带菜、石花菜等常见食用海藻的种类、颜色、形状特征，培养小朋友良好的饮食习惯，引导小学生适应食用海藻等食物，培养健康的饮食习惯，适应海边生活，教会小学生用香油、食醋和蒜泥拌凉粉。

9.3 小学中、高年级综合实践活动课程中的实践性海洋环境教育内容设计

9.3.1 小学中、高年级综合实践活动课程考察探究活动推荐主题

《中小学综合实践活动课程指导纲要》推荐的小学3—6年级考察探究活动主题有节约调查与行动、跟着节气去探究、我也能发明、关爱身边的动植物、生活垃圾的研究、我们的传统节日、我是"非遗"小传人、生活中的小窍门、零食（或饮料）与健康、我看家乡新变化、我是校园小主人、合理安排课余生活、家乡特产的调查与推介、学校和社会中遵守规则情况调查、带着问题去春游（秋游）等。

9.3.2 小学中、高年级综合实践活动课程各考察探究活动推荐主题的基本教学要求

这些考察探究活动主题的基本教学要求包括掌握访谈调查、问卷调查、实地考察等实践研究方法，家庭、学校或社区的水、电、粮食等浪费情况，能设计有针对性的有效节约资源方案；二十四节气及相应的物候变化，观察记录物候变化的方法，理解农业生产与物候变化的关系；学习发明创造的方法，培养动手能力和创新精神；认识常见的绿化植物、宠物、昆虫；掌握垃圾分类和回收知识、垃圾处理的主要方法；了解传统节日、民俗和民间故事的来源；调查和交流吃零食、喝饮料的主要种类及现状；家乡经济、文化、建筑、交通、生活方式等方面的变化；了解学校环境，掌握合理安排课余生活的方法与要求；了解和调查家乡特产；了解排队、参与公共交通等活动应遵循的学校规则和社会规则；会利用网络收集资料等。教学目标是教会小学生观察、记录各种自然现象，发明创造的基本思路和主要方法，引导小学生认识自然现象和自然规律，掌握自然规律与社会生产实践的关系，考察和探究科学问题的基本方法，通过实验培养学生的动手能力、探究科学问题的能力，增强学生关注自然、爱护自然的感情和环境保护意识，了解与中国传统

节日、各级非物质文化遗产保护项目相关的具有地域特征的传统文化、生活习俗，丰富生活经验，调查家乡特产、强化了解家乡爱家乡的情感，增进了解学校、热爱学校的责任感，掌握家乡特产的基本特性，能做实践调查、完成研究性学习任务。

9.3.3 小学中、高年级综合实践活动课程各考察探究活动推荐主题的教学目标

小学中、高年级综合实践活动课程各考察探究活动推荐主题的教学目标包括提高学生的动手实践能力、探究意识、团队合作意识，增强学生的资源节约意识、环境保护意识、遵守规则意识，关注自然、爱护自然的情感，初步形成一定的科学探索能力，增强学生对中华传统文化的认同感，引导学生理解、认同并愿意传承当地传统文化，增强建设家乡的责任意识与使命意识。

9.3.4 小学中、高年级综合实践活动课程各考察探究活动推荐主题开展海洋生态环境教育教学的基本思路

在这些考察探究活动教学指导过程中若要体现海洋生态环境教育特色，可以指导学生调查近海鱼类洄游、滨海湿地水鸟迁移与节气变化的关系，调查青岛有哪些是利用海洋生物资源制造的零食，长期食用这些零食是否有益于健康，指导小学生做能够提高海洋环境保护和海洋资源利用效率的小发明，调查海洋污染物种类、收集青岛市近海海洋污染物种类与数量的数据并分析其变化过程与规律，收集渔祖郎君、田横祭海节、石老人传说、琅琊台传说、春季开海女婿为岳父母送鲅鱼等非物质文化遗产保护项目中与海洋资源利用有关的民间传说、传统习俗，到海边春游、秋游等。

9.4 初中综合实践活动课程中的实践性海洋环境教育内容设计

9.4.1 初中综合实践活动课程考察探究活动推荐主题

《中小学综合实践活动课程指导纲要》推荐的初中7—9年级考察探究活动主题有身边环境污染问题研究、秸秆和落叶的有效处理、家乡生物资源调查及多样性保护、社区（村镇）安全问题及防范、家乡的传统文化研究、

当地老年人生活状况调查、种植养殖什么收益高、中学生体质健康状况调查、中学生使用电子设备的现状调查、寻访家乡能人（名人）、带着课题去旅行等。

9.4.2 初中综合实践活动课程各考察探究活动推荐主题的基本教学要求

这些考察探究活动主题的基本教学要求包括指导学生调查周边环境污染物的种类与来源、污染物数量，分析污染现状特征及环境污染问题对身体健康的影响，掌握主要的环境污染治理措施；指导学生了解当地常用的秸秆落叶处理方法，分析农作物秸秆和落叶焚烧的主要危害，通过实验等方法探索秸秆还田和沼气制备等科学的作物秸秆和落叶处理方法；通过资料分析掌握家乡主要的动植物资源，调查主要动植物资源开发利用状况并分析存在的问题，提出合理开发利用生物资源的建议；调查社区交通安全、防火和防盗情况，组织学生进行社区安全宣传；收集家乡历史文化典故，考察、探究著名历史建筑及有关历史人物，以及传统节日民俗文化等；调查敬老院和老年公寓等社会养老机构，选择社会养老或居家养老的老年人生活现状及对各种养老方式的满意度，各种养老方式的优缺点等；分析当地的自然地理环境特征，主要的种植作物种类、养殖对象种类，从市场、劳动力资源、资源环境条件、种植养殖技术、工程建设条件等方面分析各种种植、养殖生产过程的社会效益和经济效益；调查中学生视力、身高、体重、肺活量、百米跑所需时间、立定跳远距离等身体机能、身体素质方面的资料，分析中学生身体机能、身体素质、身体健康等方面的数据，访谈医务人员、体育教师等专业人士，提出增强中学生体质的具体应对措施并以自身行动检验应对措施的效果；调查中学生使用手机、平板电脑、笔记本电脑等电子设备的主要目的，电子设备与数字生活的关系，通过调查和案例分析认识过度使用电子设备对中学生身心健康的影响，引导中学生采取积极措施避免过度使用电子设备；收集资料、做人物专访，了解当地各行各业能人和名人的经历与成功经验故事，分析名人、能人成功的主要原因及对家乡经济社会发展的影响，宣传他们的先进事迹；围绕寻访红色足迹、中华文化寻根、自然生态考察等主题选择当地的研学旅行目的地，收集研学旅行目的地资料，设计在研学旅行过程中通过实地考察、调查完成的课题并完成课题研究。

9.4.3　初中综合实践活动课程各考察探究活动推荐主题的教学目标

初中综合实践活动课程各考察探究活动推荐主题的教学目标包括培养初中学生的环保意识、提高初中学生的科学探索能力和社会责任感，增强初中学生关注自然和生物资源的意识，增进知家乡、爱家乡的情感，增强初中学生的安全意识，提高社会责任感，培养学生理解并尊重家乡传统文化和民俗及传承当地传统文化的历史责任感，培养初中学生的尊老敬老意识、关爱老人和为老人服务的意识，培养初中学生参与社会生产实践的意识，提高初中学生运用所学知识、原理解决实际问题的能力，引导初中学生关注自身体质和健康状况，养成有益于健康的生活习惯，培养中学生形成正确的信息利用意识，提高数字化生存能力，主动适应"互联网+"等社会信息化发展趋势，培养中学生热爱家乡的情感、积极为家乡建设和发展做贡献的精神，激发中学生的爱国热情，培养中学生的民族意识、生态环境保护意识等。

9.4.4　初中综合实践活动课程各考察探究活动推荐主题开展海洋生态环境教育教学的基本思路

在这些考察探究活动教学指导过程中若要体现海洋生态环境教育特色，可以指导学生调查青岛市近海或胶州湾等特定海域入海污染物的来源、种类与数量，近海海水水质等级和滩涂底质污染状况；青岛市近海和潮间带滩涂湿地主要资源性海洋生物种类和数量，鸟类、滨海湿地植物等珍稀濒危海洋生物的种类与数量；调查滨海旅游、海水养殖等涉海生产活动和沿海社区生活受台风、风暴潮、海浪、海冰、赤潮、浒苔暴发、水母暴发等突发性海洋灾害的影响，利用情景分析理论、GIS 空间分析方法等理论、方法防御各类海洋灾害的技术措施和管理措施；指导学生收集分析文献资料、对社区居民进行访谈调查了解青岛各地渔民祭海、开春女婿给岳父母送鲅鱼民俗，鲅鱼饺子、海菜凉粉等各种海鲜美食的传统制作方法，传统的渔网织网技术、晒盐技术等；调查老年人利用青岛市内滨海风景区、崂山风景区旅游资源休闲、健身的现状，老年人食用各种海洋食品的种类、数量及影响因素，各种海洋食品对青岛市老年人身体健康的影响；调查青岛市近海养殖、滩涂养殖和池塘海水养殖的主要养殖对象及变化情况，各种海水养殖生产的空间布局特征，分析养殖生产对海洋生态环境的影响及机理，分析海水养殖生产活动的经济效益、社会效益和生态效益；探索利用各种海洋旅游资源、海洋空间资源，如在滨海风景区木栈道健步行、在海水浴场游泳、打沙滩排球、海岛探险等适合中学生进行体育锻炼增强体质的途径与方法；引导学生调查、探究海洋资源开发利用与海洋生态环境保护的信息化技术手段应用情况及效果；指导学生调查青岛的海洋科技领军人物，从事海洋科学研究的两院院士等科技名人、海水养殖名人、海洋资源开发企业的著名企业家等，了解并向父母和所居住的社区居民宣传青岛从事海洋科学研究的院士等海洋名人的主要成就，提高青岛市市民的海洋意识；指导中学生制订海洋研学旅行计划，设计并完成青岛市近海、海岸带生态环境特征分析和生态环境保护等领域的研究课题。

9.5 高中综合实践活动课程中的实践性海洋环境教育内容设计

9.5.1 高中综合实践活动课程考察探究活动推荐主题

《中小学综合实践活动课程指导纲要》推荐的高中 10—12 年级考察探究活动主题有清洁能源发展现状调查及推广、家乡生态环境考察及生态旅游设计、食品安全状况调查、家乡交通问题研究、关注知识产权保护、农业机械的发展变化与改进、家乡土地污染状况及防治、高中生考试焦虑问题研究、社区管理问题调查及改进、中学生网络交友的利与弊、研学旅行方案设计、考察当地公共设施等。

9.5.2 高中综合实践活动课程各考察探究活动推荐主题的基本教学要求

这些考察探究活动主题的基本教学要求包括指导高中学生收集文献资料掌握清洁能源的主要特征，调查当地风能、太阳能等清洁能源设施和生产企业的生产规模和空间布局，设计学校或社区利用清洁能源的具体方案，调查新能源汽车在当地推广使用的前景及存在的问题，在社区中宣传推广清洁能源利用；设计方案实地考察当地湿地、森林、草原等自然生态系统，分析生物多样性现状特征及保护情况、提出合理可行的保护建议，通过访谈掌握当地社区居民关注周边生态环境变化的情况，根据当地特殊的生态环境特征设计开展生态旅游的具体方案，接受基本的导游技能训练后，在一些景区、景点为游客提供生态旅游导游和讲解等志愿服务活动；收集当地近期食品安全信息，分析当地典型食品安全事故发生的主要原因，考察当地著名食品制造企业或走访食品质量监督管理部门,调查当地社区居民的食品安全状况和食品安全意识,设计具有较高可执行性的当地社区居民食品安全保障方案,尝试设计简单有效的食品安全检测实验,编制具有当地地域特色的食品安全手册,对社区居民进行食品安全科普宣教;通过收集、分析资料和访问交通管理部门,探讨当地交通拥堵的主要原因和主要治堵措施,在拥堵路口实地考察,记录早晚高峰、周末、节假日等特征时段的交通拥堵状况,提出缓解当地交通拥堵的有效建议,义务疏导学校周边交通,维护校园周边早晚交通高峰期交通秩序;访问知识产权局或浏览知识产权数据网页,学习有关著作权、专利申请与保护等知识产权知识,进行知识产权保护意识和行为调查,提出增强公众知识产权意识的建议,在开展各种创新活动过程中尊重他人知识产权并维护自身知识产权;通过文献分析和考察,了解当地农业从传统农具到现代化农业机械设备的发展变化过程,比较常用农业机械的使用成本和效果,提出改进充分、合理使用农业机械的建议;利用收集分析资料、调查、考察、实验、访谈等方法,掌握当地土地污染状况及造成的主要原因、危害,提出防治家乡土地污染的合理建议;通过收集资料、问卷调查了解当地高中生考试焦虑状况,访谈心理教师、心理医生,测试考试焦虑心理,实验减轻自身考试焦虑的方法,策划实施团队心理减压活动;考察分析当地社区停车、清洁、安全、养宠物等管理问题,调查居民对社区管理的评价,考察周边管理较好的社区,提出改进社区管理的建议并主动参与社区管理;通过资料和案例分析、调查访谈等途径了解中学生网络交友特点,分析网络交友的利与弊;收集当地主要的研学旅行目的地信息,设计研学旅行路线及行程、参观考察内容、设计并完成自己的研究课题,在旅行结束后反思评估设计方案;考察文化周边娱乐设施、无障碍设施或公共交通设施,调查公众对公共设施的满意程度,提出改进建议,反馈给管理人员,利用节假日引导公众更好地使用公共设施。

9.5.3 高中综合实践活动课程各考察探究活动推荐主题的教学目标

高中综合实践活动课程各考察探究活动推荐主题的教学目标包括培养高中生的社会责任感、资源节约意识和环境保护意识,引导高中学生主动关注清洁能源利用技术的发展和推广应用,个人消费时主动选择清洁能源和相关产品;通过开展家乡生态环境考察和生态旅游设计考察探究活动培养学生热爱家乡、保护家乡自然生态环境的意识;增强食品安全意识,学会选购健康、安全的食品；关注家乡交通现状及存在的问题，采取实际行动缓解交通拥堵；增强高中学生尊重知识产权的意识，培养依法维护知识产权的能力；感受科学技术对农业发展的影响，激发创新意识；增强环境保护意识；学会调控考试产生的心理压力，促进身心健康发展；增强社会责任感和为他人服务意识；提高信息安全意识，主动适应社会信息化趋势；通过设计实施研学旅行方案提高设计规划与实施的能力；通过考察、调查当地公共基础设施的利用状况，提出管理利用的改进建议，增强高中学生的公共安全意识和社会责任意识。

9.5.4 高中综合实践活动课程各考察探究活动推荐主题开展海洋生态环境教育教学的基本思路

在这些考察探究活动教学指导过程中若要体现海洋生态环境教育特色，可以指导学生调查青岛市近海滩涂和海岸带风电资源条件及开发利用现状、存在的问题，潮汐能、波浪能开发条件和开发利用现状；调查青岛市海岸带、海岛生态旅游资源及开发利用现状，设计洋河河口、大沽河河口、红岛潮间带滩涂湿地、崂山、竹岔岛、田横岛等具有海洋旅游特色的景区生态旅游开发优化方案；调查当地的主要海洋食品种类，长期食用市场上销售的主要鱼、虾、蟹、贝类等对身体健康的益处及不利影响，调查海水养殖、滩涂养殖的海参、鱼、虾、蟹、贝类等海洋水产品的重金属残留、药残留状况，调查因长期食用蛤蜊、枪乌贼等引起的尿酸增高、痛风等与食用海洋食品有关的地方病发病情况；调查青岛胶州湾海底隧道、跨海大桥的交通状况，胶州湾海底隧道、跨海大桥缓解青岛市市内交通的作用，分析胶州湾海底隧道、跨海大桥、滨海大道对青岛市社会经济发展所起的重要作用，调查青岛港、董家口港的发展历程及现状，分析港口对青岛市社会经济发展的重要作用；调查青岛市海洋科学研究方面的知识产权保护现状，如驻青岛市海洋科学研究机构、高校专家学者的海洋科学研究成果专利申请情况、已申请的专利利用及受保护状况，分析青岛市海洋科学研究和海洋产业发展方面知识产权保护存在的问题等；调查青岛市海水捕捞、潮上带海水养殖、滩涂贝类养殖、近海筏式养殖、近海网箱养殖使用的传统养殖、捕捞和运输设备及现代化养殖、捕捞和运输设备，分析在海洋渔业生产过程中利用现代化机械设备存在的问题，提出充分使用这些设备的优化建议；调查青岛市海岸带土地利用现状，海岸带土壤污染的污染物来源、种类与数量，分析海岸带土壤污染

9 实习教学成果在中小学综合实践活动课程教学中的应用

的主要原因,提出合理的海岸带土壤污染治理措施;指导学生通过实践探索在海边健步行、拍鸟、游泳等缓解考试焦虑的行为措施;指导学生通过访谈、文献分析等方法研究青岛市沿海社区受风暴潮、台风、海浪、海雾等海洋灾害影响的情形及可能的危害,提出沿海社区防御海洋灾害的技术措施和管理措施;指导高中学生对比、选择合适的海岛、海岸带滩涂研学旅行目的地,设计并实践认识观赏滨海湿地水禽和湿地植物、参观海水养殖、参观海水晒盐、参与滩涂贝类采集等具有海洋特色、有娱乐性和知识性的研学旅行项目和研究课题,旅行结束后完成研究课题,反思、评估自己设计的研学旅行方案;指导学生调查滨海木栈道使用与维护状况,如在不同季节、节假日和工作日期间利用木栈道健身的市民及外地游客人数、市民和外地游客对木栈道及相应配套设施的满意度、木栈道沿途公共厕所的布局是否合理,节假日在木栈道市民、游客集中且滞留时间较长的路段引导市民、游客有序通行,提出滨海木栈道等海洋公共基础设施利用与维护的合理化建议。

参考文献

[1] 于秋佳. 对高校研究型课程的探索[J]. 佳木斯大学社会科学学报, 2005, 23 (2): 100-101.

[2] 邹璐. 国外研究型课程的实施及启示[J]. 世界教育信息, 2005 (2): 21-22.

[3] 梁军. 通过野外实习提高学生学习地理学的能力[J]. 广西教育学院学报, 1999 (2): 106-109.

[4] 刘贤赵, 王庆. 自然地理野外实习改革[J]. 实验室研究与探索, 2003, 22 (6): 36-38.

[5] 沈显生, 尹路明, 李树美, 等. 研究型野外实习教学的设计与实践[J]. 教育与现代化, 2003 (3): 22-25.

[6] 许建国. 高师地理野外实习新模式与实习基地建设探讨[J]. 实验技术与管理, 2003, 20 (5): 115-118.

[7] 刘长宏, 张恒庆, 戚向阳, 等. 以教师科研立项促进本科学生科研的实践研究[J]. 实验技术与管理, 2006, 23 (12): 116-118.

[8] 吕宜平, 代合治. 地理野外实习的教学模式与评价探讨[J]. 高等理科教育, 2006 (2): 79-82.

[9] 范朝阳, 李青. 谈高校仪器设备采购工作[J]. 实验技术与管理, 2007, 24 (5): 161-162, 165.

[10] 叶枫. 深化实验教学改革,不断培养创新人才[J]. 实验室研究与探索, 2008, 27

(10): 103 - 105.

[11] 李广伟, 胡留现. 实验教学改革与创新人才培养的探索与实践 [J]. 实验室研究与探索, 2008, 27 (9): 110 - 112, 140.

[12] 曹中一. "三性"实验的内涵与特征 [J]. 实验室研究与探索, 2003, 22 (4): 10 - 12.

[13] 周松秀. 地理专业开放性实验室运行的研究 [J]. 实验室研究与探索, 2008, 27 (10): 116 - 118, 126.

[14] 刘长宏, 张恒庆, 戚向阳, 等. 以教师科研立项促进本科学生科研的实践研究 [J]. 实验技术与管理, 2006, 23 (12): 116 - 118.

[15] 李小昱, 王为, 胡波. 研究型实验教学改革的探索与思考 [J]. 实验室研究与探索, 2008, 27 (6): 105 - 107.

[16] 关共凑, 李凡. 提高高校地理实验室利用率的探讨 [J]. 实验室研究与探索, 2001, 20 (10): 115 - 116.

10 依托胶州湾海岸带自然地理综合野外实习开发初中海洋地理校本课程探讨

10.1 学习乡土地理是《义务教育地理课程标准（2011年版）》对初中生的学习要求

《义务教育地理课程标准（2011年版）》指出，初中地理课程的基本理念是"学习对生活有用的地理。初中地理课程选择与生活密切相关的地球与地图、世界地理、中国地理和乡土地理等基础知识，引导学生在生活中发现地理问题，理解其形成的地理背景，提升学生的生活品位，增强学生的生存能力。"在课程设计思路中将"乡土地理"划为与地球与地图、世界地理、中国地理并列的义务教育地理课程的主要内容之一，强调乡土地理既可作为独立学习的内容，也可作为综合性学习的载体。学生可以通过收集身边的资料，运用自己已经掌握的地理知识和技能，开展以环境与发展问题为中心的探究实践活动。乡土地理是初中地理课程的必学内容。乡土地理帮助学生认识学校所在地区的生活环境，引导学生主动参与、学以致用，培养学生的实践能力，使学生树立可持续发展的观念，增强学生爱祖国、爱家乡的情感。"乡土"范围一般是指县一级行政区域。根据各地的实际情况，乡土地理的教学也可以讲授本地区（省辖市）的区域地理、乡土地理，或者居住地所在省（直辖市、自治区）的地理区域地理、乡土地理。乡土地理教材的编写应纳入地方课程开发计划，并切实加以落实。提倡积极开发小尺度区域的乡/镇乡土地理校本课程。在乡土地理教学中，建议至少安排一次野外（校外）考察或社会调查。《义务教育地理课程标准（2011年版）》发布以后，国内教育界和学术界纷纷探究乡土地理课程资源开发，但目前为止对乡土地理课程资源开发的研究成果依然比较匮乏。

10.2 乡土地理教学的起源

"乡土地理"这一概念最早出现于17世纪，教育家夸美纽斯在《大教学论》中指出："儿童认识世界、了解世界应该从身边的乡土地理开始。"地理课程的设计，应从学习乡土地理开始，要求学生学习他们生长地方的"山岳、山谷、平原、河流、村落、城市或国家的性质"。这可看作是乡土地理教育思想的起源，也奠定了乡土地理资源在地理课程开发中的重要地位。

德国柏林大学地理学家赫特纳提出："地理课程必须从乡土地理开始。"20世纪以后，发达国家和地区对课程资源的开发利用尤为重视。美国著名课程专家泰勒在他1944年出版的《课程与教学的基本原理》一书中第一次提出了"课程资源"概念，他认为课程目标是对学习者和周边生活的研究，不仅明确课程资源的概念，还引导国外乡土地理研究方向。美国地理教育家认为学习地理应从家乡的周围环境向外扩展，遵循"同心圆"式的学习次序，由小及大，即先认识家乡及周围环境，再认识美国和北美洲，然后认识整个世界。

10.3 国际乡土地理教学的发展

澳大利亚是世界上最早开发乡土地理课程资源的国家，可以说在澳大利亚出现了现代乡土地理课程的雏形。"澳大利亚东部沿海地区对大堡礁海洋地理资源进行开发，促进学生对海洋的了解，帮助学生认识海洋环境，同时利用大堡礁进行乡土地理教育和环境教育"，他们特设的"乡土地理"专题有"土著人教育""多元文化教育""环境教育"3个方面的教学内容，并在这3个方面积累了比较丰富的乡土地理教学经验，取得了可观的成绩。

英国在20世纪70年代初期兴起资源运动，许多学校建立和配备了资源中心，后演变为乡土地理资源开发。英国中学地理课程中的环境地理教学涉及认识和了解当地自然资源和环境，也涉及森林锐减、酸雨、气候变暖、水土流失等全球性环境问题。通过让学生设计保护和治理当地环境的具体方案，培养学生的地理实践技能、社会参与意识与主人翁意识。

德国、新加坡采用主题式结构，在各专题中讲授区域地理。有重点地选择与生产生活实际联系紧密的教学内容,特别是和当前主要社会问题结合起来的区域地理问题。例如,巴伐利亚州中学地理教学大纲中,先讲巴伐利亚地理,然后按照由近及远的顺序讲述德国地理、欧洲地理和世界地理;在环境地理教学方面,根据学生的生活经验和认知能力、学习能力选择教学内容,如过多施用化肥引起的土壤酸化、水体富营养化问题,垃圾处理站选址、臭氧层空洞、热带雨林破坏、温室气体排放引起的全球变暖等问题。新加坡则作为一个花园城市和多民族国家,在课程纲要的主题中,有关新加坡城市地理方面的内容占有较大比重,如新加坡的水库和休闲设施、都市结构等。

日本关于乡土地理课程资源的"内容处理建议模块"从整体到具体内容都对学生地理学习做了本土化处理。基于其自然灾害频繁的国情同时要求学生关注环境和能源、人口、食品及居住和城市问题等。

10.4 中国乡土地理教学的发展

我国的中学乡土地理教学、乡土地理课程资源的开发与应用则起步较晚,但是发展迅速。《辞海》中乡土地理指的是省区以下较小地区的综合地理,其内容包括本地的地理位置、地形、气候、水文、土壤、植被的特征及其相互联系,各种自然资源的利用及改造,当地的工农业生产情况、交通运输、人文条件和人民的生活情况等。我国首次提及"乡土地理教育"是在1904年清政府颁布的《奏定学堂章程》。《奏定学堂章程》提出小学阶段地理课程要讲授本县、本府和本省的地理内容,以逐步使学生养成爱乡土的情怀,《奏定学堂章程》把乡土地理教育植入地理教育的核心地位,标志着我国学校乡土地理教育的开始。1929年,我国近代地理学者竺可桢在其发表的《地理教学法之商榷》一文中强调地理教学应遵循自己知到未知,从儿童日常所见所闻到未知未闻的规律。从此可以看出,这一时期已有学者着手研究乡土地理课程资源的重要教育价值,这也符合人的认知发展规律。1939年,著名地理学家葛绥成出版了我国较早的乡土地理专著《乡土地理研究法》,他在该书中强调了乡土地理课程资源在地理教学中的重要地位。

新中国成立后,乡土地理教育得到了进一步发展。1957年3月,毛泽东在与七省市教育厅长的一次教育座谈会上指出:"教材要有地方性,应当增加一些地方乡土教材……"改革开放以来,党和国家领导人又再一次强调包括乡土地理在内的乡土教学，随之在中小学兴起了"乡土地理教育热"，各地相继都出版了乡土地理教材。20世纪80年代，党和国家领导人也曾一再强调乡土教学，强调青年学生加强国情、省情和乡情教育的必要性。1999年全国教育工作会议后，校本课程备受关注，乡土教学成为我国整体教育改革的重要组成部分。在第八次新课程改革之后的10余年中，最初一些学者仅对乡土地理、乡土地理课程、乡土地理课程资源进行概念界定。随之在地理课程资源概念的基础上明确提出地理课程资源开发的原则、内容和教学意义等，并提出重视地理课程资源开发在中学地理实际教学中的有效性和实践性。张碧霞和焦红霞等从开发和利用乡土地理课程资源的必要性入手，通过实地调查，分析影响乡土地理课程资源开发和利用的各种因素，最后总结开发和利用乡土地理课程资源的一般原则和基本策略。周顺心通过编写乡土地理的教科书开发地理乡土课程，分析了我国乡土地理课程资源编写现状、与教学的关系及教学现状，最后通过实地调查我国乡土地理课程资源的网络分类，提出了通过"博客"和网络平台两种非常切实可行的途径进行地理乡土课程资源开发。再后来中小学形成了"乡土地理教育热"，各地编著并出版了大批具有时代特征和浓郁乡土特色的区域乡土地理读本，保证了乡土地理教学的足够课时。

10.5 基于自然地理综合野外实习的乡土地理课程资源开发研究

　　近年来，乡土地理资源课程开发与教学应用研究受到广泛关注。在开展学习与实践时，必须立足于家乡的实际情况，有效地开发与利用好丰富多彩的乡土地理资源，首先要确立一个乡土地理的学习主题，教师可在教学当中，指导学生以学习小组形式开展合作学习，引导学生有效地构建乡土地理知识体系，进行全面学习，并通过实践运用深入理解与掌握乡土地理知识。充分利用本地区丰富多彩的乡土地理课程资源开展研究性学习，在学生已有的理论基础上，通过研究性学习，让学生更加关注社会，让学生深入到现实生活中接触大自然，让地理知识与现实生活相互融合，并实施理论学习与实践运用紧密结合的学习方式，组织学生积极主动的参与社会实践，开展社会调查，走访与研究性学习相关的单位与企业，有效培养学生的创新意识与实践能力。

　　随着课程改革的深入发展，人们渐渐认识到单纯依靠国家地理课程常常无法达到预期的理论与实践密切结合的教育效果，特别是我国因为人口众多、幅员辽阔，地区间发展不平衡、差异性大的特点，更令国家地理课程的这一弱点表现得非常显著。校本地理课程作为国家地理课程的有力补充，所具有的诸多优势已逐步被大家所关注和认同。校本课程开发已成为如今课程改革的一个热点。各学校在抓好实施国家课程教学的前提下，应根据学校自身的教师资源和办学特色，努力探索开发具有地方特点、学校特色的校本课程。课程标准把"乡土地理"作为中学地理教学中的重要内容之一，其目的是"帮助学生认识学校所在地区的环境，引导学生学以致用，培养学生的实践能力，树立可持续发展观念，增强爱国、爱家乡的情感"，阐述了在初中地理课程中开展乡土自然地理综合野外实习并开发乡土地里校本课程的意义，提出了依托乡土地理课程资源有效开展地理综合野外实习的策略，以及在地理校本课程开发过程中，遵循科学与校本课程相结合、生活与校本课程相结合、兴趣与校本课程相结合、文化与校本课程相结合等开发原则。如果能很好地利用乡土资源，积极开展一些有关的课外活动，不仅可以丰富课堂教学的内容，还可以激发学生学习的兴趣，培养学生分析问题和解决问题的能力，加深对家乡的感情，培养学生主动探索的能力、观察和实践能力，发挥新教学手段直观性的特点。

初中地理校本教材开发应遵循科学性原则、区域性原则、发展性原则、开放性原则和人地关系的协调性原则，应首先从教材内容选取、教材编写模式选择及实践教学的落实3个方面确定乡土地理校本课程的开发内容。选择教学内容主要应从利用生活现象培养地理思维、利用乡土地理培养爱家乡的情感、结合社会热点问题培养对终身发展有用的能力几个方面考虑。乡土地域单位的划分应从我国的实际情况出发，编写乡土地理教材应遵循科学性、思想性、地方性和实践性等原则，宜采用区域列述法和中心问题法。编写地理校本教材必须要深入调查，要有第一手资料，要学会卫星定位仪、数码相机、电子地图、计算机制图等新技术的使用，必须学会整理资料和分析问题，还要善于图文并茂的书面表达。

唐冬梅的硕士论文《基于乡土地理资源的初中校本课程开发研究——以茂县为例》以阿坝州茂县为例，研究了基于乡土地理资源的初中地理校本课程开发，以地理校本课程和相关教育理论为指导，收集整理归纳茂县乡土地理资源，调查了茂县地区初中地理教师校本课程开发的现状，总结了茂县初中地理校本课程开发受阻的因素，提出茂县乡土地理资源校本课程开发建议、课程设置的原则,并尝试开发茂县乡土地理资源校本课程蓝本。韩晶完成的硕士论文《延边地区初中乡土地理教材开发研究》从教材开发目标、内容选择、内容组织、内容呈现4个方面论述乡土地理教材的编制,探求乡土地理教材的编制规律,编写出《延边乡土地理》,并将乡土地理教材应用于实际教学中检验其实施效果,更好地完善了乡土地理教材开发研究。

福建省厦门市厦门第六中学杨思窍采取精选课程题材以体现地方特色、精心设计方案以尊重学生需求、丰富教学模式以提高学生能力、重视评价反馈以优化课程质量等措施,选择厦门海域概况、厦门海域自然地理环境、厦门海洋资源开发与保护、厦门海洋灾害与海洋污染等专题开发了高中地理选修Ⅱ校本课程《厦门海洋地理》,为海洋地理校本课程的开发与应用提供了切实可行的思路。

目前,我国初中通常把乡土地理资源作为地理课程资源,对乡土地理课程资源开发的理论研究较多,而深入探讨乡土地理资源在初中校本课程的开发和应用比较少,实证研究或个案分析较少;在研究内容方面,研究重点偏于对乡土地理课程资源开发的必要性的论证,对我国实施乡土地理校本课程开发的可能性与现实性的辨析,而对具体区域内某一乡土地理资源在校本课程开发与应用的研究较少,尤其是针对融入海洋特色的地理校本课程开发更是屈指可数。因此,立足于青岛地区初中乡土地理课程资源开发与应用的实际,以国内外已有的相关研究为基础,认真研读新课标和青岛地区初中学校使用的人教版地理教材,梳理、归纳出与青岛地区初中地理教材相对应的海洋地理课程资源素材,并提出相应的开发原则、策略及途径,可以为其他省市或地区开发具有浓郁海洋特色的地理校本课程提供依据。

参考文献

[1] 中华人民共和国教育部. 义务教育地理课程标准:2011年版 [M].北京:北京师范大学出版社,2012.
[2] 陈胜庆. 乡土地理教育新论 [M].北京:测绘出版社,1992.
[3] 刘秀群. 初中校本课程"乡土地理调查"的教学探索 [J].课程教育研究,2017(23):174 - 175.
[4] 秦贵. 地理校本课程中乡土资源的开发和利用 [J].甘肃教育,2017 (2):123.
[5] 娄丽花. 例谈初中地理校本教材开发 [J].地理教学,2014 (22):33 - 34.
[6] 李功爱,杨志荣. 编写《校园地理》构建多种多样的地理校本教材 [J].地理教学,2008 (11):14 - 16.

［7］唐冬梅. 基于乡土地理资源的初中校本课程开发研究［D］. 成都：四川师范大学，2016.

［8］沈姣，熊建新. 地方院校"乡土地理"校本课程的开发［J］. 地理教育，2017（8）：47-49.

［9］韩晶. 延边地区初中乡土地理教材开发研究［D］. 延吉：延边大学，2011.

［10］祖文辰，袁孝亭. 乡土地理教材编写的原则和方法［J］. 现代中小学教育，1992（5）：74-77，20.

［11］杨思窈. 开发高中地理选修Ⅱ校本课程的探讨：以《厦门海洋地理》校本课程开发为例［J］. 福建基础教育研究，2009（5）：28-29.